慶元縣志輯

第八册

【道光】癸卯慶元縣志 二

《慶元縣志輯》編委會 編纂

浙江工商大學出版社
ZHEJIANG GONGSHANG UNIVERSITY PRESS
·杭州·

第八册　分目録

慶元縣志卷之十

知慶元縣事吳綸彰重修

知慶元縣事宋　琛補刻

人物志

閨操

劉向列女傳清風亮節所取固多其間如曹昭蔡琰之徒世稱才女向亦備載于傳不復分辨後世閨操一門專尚志節正易家人所謂利女貞也慶邑百餘年間韶年矢志皓首完貞與夫慷慨投繯從容絕粒者所在多有無論寒門世

族採訪得實急予表彰且示勸云

元

葉德善妻鮑氏至元二閒善以伐義勳授處州千戸殁於官時鮑氏年十九歲無子誓不再醮勤紡績以養舅姑始終敬養家雖貧苦節愈堅至洪武三十年邑耆老姚仲安詣闕上其事下有司覈實以聞賜詔旌表

明

吳慶妻邵氏年十八夫亡哀慟欲絶數日不進粒舅

姑以遺孕爲重諭之乃强而起有豪勢聞其色謀娶之即斷髮自誓豪計寢由是獨卧一樓不履閾外敬事舅姑無怠志年八十終嘉靖二十年縣令陳澤給文付其子吳相赴闕上其事奉詔旌表

姚信妻吳氏年十九歲信亡無子家甚貧氏勤女工以自給誓不改適節勵氷霜壽至九十九卒

葉宏妻余氏年十九夫死遺孕數月堅志守節雖饘粥不給終身無憂喜色年六十五卒邑令陳文静表旌其門

姚賢妻吳氏年二十夫死貧苦自守始終無貳志年九十卒邑令彭适旌其門曰貞節

吳境妻李氏年二十三寡以柏舟自誓撫諸孤辟纑佐讀有和丸畫荻之風戊子水災一隅漂没獨其夫柩無恙人以爲節孝所感子世銓世勲仕廉州通判孫鳳起鳳翔人文輩出餘慶昌隆

國學吳化妻葉氏性沉默端重好讀書尤喜評隲列女每至節義處輒三復不置年十五適吳夫肄業南雍時值姑病躬調湯藥比夫歸得尫羸疾乃日

暮祈天願以身代夫病革囑曰吾死任汝擇適毋
自苦氏泣曰是何言哉設不幸當以死殉及夫故
哀慟躃踴遂絕食七日一慟嘔血而殞時年二十
縣令以其事聞詔旌完節坊在下管

國朝

葉氏貞女養姑許配下管吳艮彩未合巹彩已死時
女年十六赴吳奔喪哀毀成禮遂堅志守節父欲奪
其志女引刀自刺血濺閾地舅姑知其志堅乃立
嗣子家貧如洗饘粥不給日勤組織而粱粟以食

舅姑年七十餘歩不出閨邑令鄭公騐其肩搓圓騐其齒完固益敬禮之一日謂諸孫曰昔良人死吾非獨生設當時以死從死誰則以生撫生吾故以心許死者以身撫生者六十餘年辛楚備盡若輩俱幸成立今而後可以見良人於地下矣言訖整衣端坐而逝遠近聞者皆賫酒奠之御史楊旬瑛題其門曰貞心壽世詳見流香集

吳德芳妻楊氏年二十四歲夫死堅守冰霜紡績自給事姑至孝姑病篤氏告天請代、割股療之尋愈

詳其事各憲疊旌其節孝可風焉子吳昜有才名
葉廷章妻吳氏年十九適葉甫一載章亡堅志操守
四歲姪觀生承祧撫養成立孀居六十餘年不窺
外戶屢膺憲獎年八十八卒爲堪輿所惑悞扞凶
壤洋夢母囑曰吾居水宅毒亟移即改塟九都生
復夢曰吾今得所矣汝勿憂其精爽不泯如此
吳廷馨妻葉氏烈婦年二十一夫死守節孝事祖姑
時山賊竊發祖姑令葉避泣曰八十祖姑病篤豈
有孫媳遠去之理乎第吳氏一塊肉不可貽於不

潤隨將幼兒寄外祖家賊至葉被執見其色欲犯之葉嚼血噴賊賊怒劈其頭顱罵不絕口而死知縣鄭國位旌其門曰節烈渾全已上載程志

生員周貞一妻吳氏烈婦康熙甲寅閩逆陷城氏命子三錫從吳陳仁起義兵死之氏泣曰兒死於難吾不死必辱遂投繯死賊兵至見氏二目怒張賊懼卻走

吳氏貞女淑姬三都陳村延平都司吳陳仁之女已許配生員葉良英爲妻未婚英亡女時年十九郵

葉治喪破面截髮以死自誓撫姪承祧守節不隳
雍正八年知縣徐羲麟詳請
旌表
生員吳燒妻曾氏年二十五歲夭亡堅守氷霜誓不
再醮雍正七年知縣李廷宋詳請
旌表
生員吳丕望妻蕭氏鸞姑年十七歲于歸之夕夫郎
中風死氏守節繼超爲子殷勤顧復家甚貧勤紡
績以資讀超得遊庠氏年至八十終知縣徐羲麟

撥附郭官田一十六畝零俾其孫永奉祭祀復請
旌表媳季氏甫生子而超亡同姑守節知縣徐又以同
心完節表其門
夏松生妻周氏年十九歲夫亡節勵冰霜誓不再嫁
事姑撫幼慈孝克全守節四十二年壽六十一終
李大孫妻吳氏烈婦年二十四歲因村人出言調戲
羞忿自縊知縣王恒以其事聞奉
旨建坊
吳茂旋妻葉氏烈婦年二十九歲因夫故後被夫兄

逼嫁不從捐軀明志縣令王恒以其事聞殤

旌表

周宗壽妻楊氏乾隆三年于歸六年夫故氏年二十

二歲堅志守節至五十五年其子廩生周連以母

事實稟縣令張玉田詳請

旌表歿年九十三歲

儒童吳匡經妻練氏年二十六歲夫故遺腹生子王

典誓志苦守教育成立俾入太學而且孝事祖姑

及姑侍奉無缺喪葬盡禮今其孫殿元已入邑庠

氏現年八十歲道光七年隣族以其事實具結舉
報縣令黃煥詳請
旌表建坊
增廣生員姚芝之妻李氏年十七歲于歸二十二歲夫
故子承恩甫及週氏上侍邁姑下撫孤子誓志守
節冰霜自勵終年四十一歲計守苦節一十九載
隣族以其事實具結舉報知縣黃煥詳請
旌表建坊
儒士翟智豪妻范氏年十六歲于歸二十四歲夫故

氏孝事姑紡績度日性堅金石操勵冰霜誓守苦
節四十三年現年六十七歲道光九年閭里具白
其事知縣陳文治據實詳請
旌表建坊
以上自元及　國朝已奉題旌者謹核載二十二人
其餘俱照隣族公結按鄙編次至現存者亦附於
各鄙之末
廪生真金和妻謝氏年二十八歲夫死守節壽七十
八終康熙二十年知縣李裛𦁏給以貞潔映玉匾

額

吳伯達妻真氏年二十二歲守節康熙五十四年縣

令李容之以節孝維風表之卒年八十有八子丹

桂娶李氏二十五歲丹故守節乾隆七年縣令鄭

儒以歲寒冰霜旌之年七十八終

庠生李學濂妻吳氏年二十四歲夫死撫姪守節行

不出閫孝事公姑和睦妯娌年六十九卒

周賃郃妻吳氏年二十四歲守節壽終八十六歲

張希相妻吳氏孝豐縣教諭吳柟之女也素性嫻淑

年二十八歲夫死足不踰閾家無次丁訓子成人
七十四而卒
庠生吳定國妻季氏年二十八歲守節終年七十一
庠生姚垂邠妻吳氏年二十五歲夫故守節卒年六
十有一
庠生姚又彩妻周氏年二十一歲守節奉　學憲王
以貞由天授表之終年八十有五
蔡維城妻俞氏年二十八歲守節時年六十有六
姚玉瓚繼室蔡氏年十七歲守節奉　學憲賞給以

志潔冰壺匾額時年六十
吳懷璞妻姚氏年二十歲夫亡守志遺腹生子繼先
時苦守已三十一載
儒童吳元善妻季氏年二十五夫故子幼艱苦備嘗
矢志堅石且言笑不苟訓宗孟母知縣莫表以畫
荻可風年登七十知縣譚復撰傳文以表之見藝
文終年八十子登瀛貢生諸孫林立
庠生張繼文妻葉氏年二十八夫亡止生一子苦志
守節孝姑訓子樂善好施嘉慶八年獨建八都赤

坑水尾橋壹齡臨嶺雇工種植松杉雜樹遮陰以
便行人府憲　修以苦節傳芳旌其門邑令黄以
訓子義方表其事朱王兩學師又以賢勞著節奬
其賔終年七十有九其子秀擬邑貢生孫俱成立
增生姚濂妻吴氏年二十九夫故子幼苦志守節不
出戸庭且善事繼姑宗族咸稱至孝訓子樹萱遊
庠邑令鳴以風同仉範表之年至七十有六終
朱煌妻葉氏年二十八夫故子甫三齡苦志守節事
姑盡孝訓子成立孫廷楷廷鈞遊庠邑令樂以節

孝裕後表之終年七十有三

吳松蔭妻姚氏年十八于歸孝聿翁嫜二十九夫故子幼氏堅守氷操訓子坦然遊庠旋食餼嘉慶丁卯邑令黄以義訓成立表之今孫用光用中亦相繼入庠終年七十有五前後守節四十六年例應待旌有傳見藝文

庠生周漁潮妻姚氏年二十六生一子僅半月夫物故苦守清操撫孤成立卒年七十有一

吳公興妻李氏年二十三夫故苦守一子桂發教養

成人娶媳余氏發又亡姑媳同心完節諸孫林立
姑年七十有六終媳年五十六卒
季育文妻吳氏年二十八夫故守節終年七十有五
余天有妻周氏年二十六夫故守節日勤紡織苦志
撫子艱積婚娶終年六十有九
吳如榮妻夏氏年二十四夫故苦志守節孝事翁姑
撫子成人苦積婚娶子又亡終日紡織撫孫擇配
卒年六十有七
朱積善妻周氏年十九夫亡紡織苦守節孝事舅姑

撫育幼子卒年五十有九

吳統林妻王氏年二十八生子甫四月夫故苦守撫

孤卒年五十九

儒童王奕藩妻周氏貢生周原之女生自名門夙嫻

內則年二十五夫故苦志守節撫子成立卒年四

十八歲

吳士生妻潘氏年二十八夫亡堅持清操撫育二子

俱已成立年五十七卒

庠生姚緻妻項氏年二十六夫故未育勵志守節撫

嶽前妻子樹型如若已出俾入國學孫有四咸受
護之長孫敘次孫簡俱入庠現年七十八命型倡修猶衛
內龍山門路貢邑侯煥以節備賢慈襃之
儒童姚芝棟妻吳氏年二十六夫亡守志撫子成立
孝敬翁姑姑久病兼撫兩叔迨子脩援例授貢兩
小叔亦並入庠子與媳又相繼亡氏又撫育幼孫
訓課婚娶現年七十四歲學師沈予以氷心鶴髮
匾額嘉獎
吳儒才妻季氏年二十五夫故無子繼姪承嗣守節

四十四載二孫俱及婚配現年六十有八

姚巨官妻吳氏年三十歲夫故撫姪承祧現存守節

庠生姚樹玉妻王氏年二十七夫故家貧苦守撫孤

子宜清妻吳氏年二十九夫亡子幼家益窘廼矢

志不移姑媳同心完節

張繼斌妻吳氏年二十六夫故守節嘉慶丁卯邑令

吳以巾幗完人表之現年六十有二

庠生吳鼎祿妻葉氏年二十九夫故撫育幼子苦爲

婚娶現存守節

蔡士忠妻范氏年二十九夫亡撫子婚娶現存守節
周芳厚妻張氏年二十九夫亡撫子婚娶現存守節
庠生姚之鰲妻吳氏二十七寡舉姪爲嗣現存守節
蔡士華妻范氏年二十六夫故志勵冰霜現存守節
庠生真上錦妻吳氏年二十夫故誓志守節

以上城內

姚漢棠妻吳氏年二十三歲守節撫成二子壽六十
終邑令郭以矢志冰霜表之
吳華斷妻王氏年二十一歲夫故子方週歲堅志守

節誓不再適撫子成立不履戶外雖親族罕見其
面卒年八十有三
葉醇英妻季氏年二十七歲夫故矢志守節
胡庠玉妻黃氏烈婦以疫氣盛行[illegible][illegible]違喪蹇及夫
王氏內無伯叔外無兄弟及[illegible]無以塟悲哭萬狀
忽有金桂素性橫暴艷色強娶嗾氏上轎氏閉門
堅拒桂復撞門而入氏誓不屈遂以剪刺喉而死
因無親族遂寢未報夢後金桂竟[illegible]發配山
東

庠生余錞妻吳氏年二十八歲守節撫姪承祧清苦

自持壽七十三終苦守四十餘年如一日焉

姚隆先妻吳氏年二十一歲守節卒年六十五

庠生葉汝楫妻吳氏年二十七歲守節　學憲王給

以松貞石介匾額時年七十有六

增廣生員余瀛妻吳氏秉性淑慎瀛有瘵疾氏籲天

願以身代及故子三歲氏矢志栢舟撫孤守節事

姑劉以孝聞訓子銑不倚姑息人謂其於慈孝之

道兩有得焉嘉慶丁巳教諭章觀嶽申其事於

學使以清操潔守獎之辛酉教諭吳滐又給予凌
霜勁操扁額並繪松石圖贊語其詞云瑤臺降芬
丹卯凝祥誕發蘭儀林間風格賢哉貞母淑慎何
摘淵令冲華乃宜壼則比婺瞻星破鏡用惜操潔
冰霜粹然瑩白勗子成名荻經指畫旌節花榮光
昭史冊實邦之媛可風巾幗何以方之而繪松石
余讓妻吳氏年二十一適讓六載夫亡子週歲旁有
幾無以自存氏毅然自矢泣告翁姑曰婦命不辰
夫死子幼但分釜餼餘粒使婦得守志子得長成

婦死可以見某於地下矣壽翁姑卒氏茹蘖飲泣
歷久彌堅乾隆丁未其姪塏白諸院憲朱以堅冰
遂志額給之子坦監學生

吳王鐘妻范氏年二十三夫故守節終年八十有一

鐘弟王鎮妻周氏年二十四夫故守節終年七十
有六一門雙節白首完貞道光二年其孫增生家
駒白諸院憲憲杜給以雙節堪旌表之

庠生吳誠中妻張氏年二十四夫故守節氷霜自勵
終年八十有五目見曾元節壽並隆

周元吉妻吳氏年二十八夫故守節蘊義自閑賢聲
懋著邑令薛喬昌以淑善傳揚獎之
增生葉喬彬妻吳氏年二十八夫故子幼家貧紡織
度日堅貞苦守訓子蕃遊庠邑令袁以冰霜旌之
葉喬楷妻姚氏年二十六夫故守節金石不渝邑令
李以勁節可嘉旌之
葉上球妻吳氏年二十四夫亡撫子守節令德克彰
卒年八十有六
吳德洪妻姚氏年二十三夫故守志節比松筠卒年

六十有三

庠生姚河妻吳氏年二十六生子輝祖甫週夫亡氏矢志堅守克訓義方子孫成立卒年五十有六

余權妻吳氏年十九夫故守節撫孤成立卒年六十有五

增生范連林妻姚氏年二十九夫故苦守始終無貳卒年五十有一

姚國璠妻葉氏年二十七夫故苦志守節義方是訓子廷藻入國學廷龍入庠

職員姚廷芬妻季氏年三十歲夫故現存守節

儒童余高增妻吳氏年二十七夫故守節孝事姑嫜

凡先祖忌辰竭誠享祀氷霜自凛鄉里推賢現年

五十有六學師沈以賢孝淑貞褒之

庠生姚廷芳妻吳氏年三十歲夫故堅貞自矢現存

守節

儒童余思魁妻葉氏貢生葉之茂女年十七于歸結

褵二載夫故栢舟自誓越數歲翁姑繼亡二小叔

幼穉氏代執母儀一切恪遵家訓里族稱其節孝

學師沈以令德淑儀獎之
監生姚廷萱妻吳氏年二十九夫故矢志冰霜撫子
威立卒年三十有九
庠生姚廷蘭妻毛氏年二十一又娶吳氏年十八夫
故遺腹生子孔懃二氏同心守志節勵冰霜族里
以其事實白諸學師沈以冰節雙清褒之現為詳
請
旌表
姚秉衡妻吳氏年二十四夫故志誓栢舟日勤紡織

現存守節

周長壽妻柳氏年二十七夫故苦守清節並繼承祧

大義卓然卒年五十九

周長海妻陳氏年二十二夫故守節撫子永福授例

入國學多行善舉學師沈以守貞廸善獎之

補遺前志淪沒年歲無考

今俟訪及附錄于後

葉舜妻吳氏夫故守節皓首完貞萬歷庚子邑令李

頒贈以霜節匾額

葉春郁妻吳氏夫故守節順治十二年道憲王崇銘

贈以氷霜節操匾額理刑廳恭懸吉又以淑儀敬

姜嘉之

廩生周禎妻冀氏夫故守節康熙丁丑儒學胡玠以

氷霜矢節褒之

介賓周瑞元妻余氏夫故謹遵遺訓教子及孫俱克

振拔康熙丁丑儒學胡玠以共操孟訓獎之

以上後田周墩

儒童吳象隨妻冀氏年二十夫故守節性賢幽閒嫻

於内則事姑訓子克樹閫儀邑令關以松貞石介

褒之子先飛孫瑩用昭皆入庠曾白其事於　督
學　汪以節堅金石表之
儒童吳先書妻陳氏年二十七夫故守節志厲金石
邑令闕以柏舟孀美表之卒年八十有一
吳九江妻胡氏年二十四夫故苦守貞節金石不渝
卒年七十有八
庠生吳珪校妻姚氏年二十二夫故子珠年甫三齡
矢志苦守撫訓成立俾入國學克紹書香邑令譚
以訓宗孟母旌之今其孫元亦入庠現年六十八

吳際昌妻周氏年二十七夫故守節現年七十有三
吳德財妻楊氏年二十四夫歿守節矢志栢舟現年
七十有一邑令黄以善節可風表之
吳際豐妻虞氏年二十五夫故守節現年六十有九
吳希參妻楊氏年二十七夫故守節現年六十有八
吳佐聚妻劉氏年二十三夫故守節現年六十有六
儒童吳進敘妻范氏年二十夫故紡織苦守節比松
筠現年六十有五
庠生吳雲妻何氏年二十三夫故守志節勵冰霜其

子國學生芝白諸院憲　戴以嬿美陶歐旌之

吳希冏妻毛氏年二十七夫出外亡守節不貳現年

六十有一

庠生吳匡勳妻毛氏年二十九夫故志誓柏舟撫子

成立克樹母儀現存守節

庠生吳匡還妻周氏年二十八歲夫亡矢志堅貞撫

子守志克樹閫範

吳元璺妻陳氏年二十九歲夫故志同金石冰霜自

凛現存守節

儒童吳頊蕙妻劉氏年一十九歲夫故遺腹生子惠深撫養業儒大爲婚娶氏清操自守歲同晝荻現存守節

吳積興妻莊氏年二十六歲夫故堅貞自矢撫子成立現存守節

吳盛策妻葉氏年二十一歲夫故孀守撫孫子海燊成立命修燊頭路嶺一百二十餘丈來往行人共羨毋教之賢現存守節

庠生吳光妻顏氏年二十九夫故誓志苦守克勵冰

霜撫孤成立現存守節

吳玉璜妻李氏年二十九歲夫故矢志栢舟氷霜自勵現存守節

楊子琯妻吳氏年二十四夫故孝事翁姑撫孤成立現存守節

以上二都七圖

吳鏡宴夏氏年二十四歲守節卒年六十有三

吳炎妻余氏貢生余祿之女孝豐教諭吳樽長媳性淑靜識大義年二十六歲守節翁在任終氏變產

偕二叔扶柩歸塟族黨共稱其孝初承祭命仲季
兩房各舉一子入繼氏撫之如一人無閒言知縣
鄭以閫儀堪美表之壽至九十終
吳秉樂妻范氏年二十九歲守節壽至七十有二
吳居經妻黃氏年二十二歲夫死子方二週矢志守
貞時年八十有一
監生吳德麟妻何氏年二十三歲夫故守節時年七
十有七
吳居星妻張氏國學吳風祥祖毋年二十四夫故守

節事姑撫子克樹閫儀壽至七十六終媳姚氏年二十九寡姑媳相依冰心堅守終年六十有六祥遵遺命捐穀四百石入下營社義倉脩賑邑令黃以雙節流芳嘉之

吳開晟妻胡氏秉性貞淑年十七夫故誓以身殉痛哭氣絶相繼而亡里族稱其節烈世所罕有

儒童吳橓妻張氏年二十夫故誓志守貞撫子成立不愧母儀年至七十終

吳炳文妻蕭氏年二十九夫故家貧苦守撫育二子

辛勤備至訓教有方次子鏓入郡庠有聲邑令許

友教以荻教可風表之終年七十有一

吳益邁妻龔氏年二十二夫故苦志守節歷久如一

卒年六十有八

吳益藏妻楊氏年二十九夫故矢志守節堅同金石

卒年六十有六

吳思昌妻田氏年二十七夫故守節始終不移現年

七十有九

以上一都下管

吳甚芬妻周氏年二十夫故守節撫子成立始終無二儒學曹源郁以節操裕後表之

吳可昆妻劉氏年少守節康熙六年舉人葉上遷長葉九茂請表處州推官張見龍以懷清表節縣令李以勁節凌霜表之壽至九十卒

吳福基妻張氏少年守節康熙二十一年遊擊儲遵廷表以冰檗凌霜

吳樂達妻葉氏年二十八歲守節康熙三十五年縣令李文奠以節茂松筠表之

吳榮衜妻葉氏少年守節康熙五十五年縣令王岡
泰以松筠勁節表之壽至八十終
陳朝忠妻葉氏年二十六歲守節縣令鄧以壽節雙
美贈之
葉元玥妻項氏年二十八歲守節其子葉劉男娶妻
吳氏年二十三歲男又亡故姑媳相依同心守節
乾隆十四年縣令鄧觀以雙節冰操表之項終年
登九十吳年八十
吳兆任妻葉氏年二十八歲夫同兄營運江右兄病

旅舍適山水暴發任守兒不去遂同被溺氏聞慟
哭覓屍歸葬子僅數歲守節撫育壽年七十九歲
目見五代乾隆五十三年縣令徐傳一以節孝流
芳表之
吳允瑅妻葉氏年二十七歲守節乾隆八年縣令蔣
潤以栢舟繼美表之
陳仁顯妻周氏年二十六歲守節乾隆五十四年縣
令張玉田以堅冰遂志表之
張啟瓊妻葉氏年二十六歲守節乾隆三十一年縣

令張儼以氷霜勁節表之

張從岳妻吳氏年二十九歲夫故僅育一子仁植時
家産微薄茹氷撫孤自勤紡績訓子成家晩年周
恤鄰里修嶺砌路年七十一終羣孫林立人咸以
爲節義之報

陳從增妻吳氏年二十七歲守節乾隆十六年縣令
鄧旌以壽節雙輝

練元容妻吳氏年二十歲守節卒年五十五歲縣令
多以玉潔氷清表之

庠生練日琏妻吳氏年二十一歲守節六十八歲終
知縣李以化石貞操表之
胡翙鸞妻魏氏夫死撫孤家貧苦守縣令多以節操
千秋表之
胡從禎妻吳氏青年夫故守節四十餘年縣令王以
節壽可嘉表之
毛添儒妻胡氏守節縣令李以冰操足式表之
練日櫹妻吳氏年二十歲夫死伯叔欲奪其志氏割
耳截髮乃止守節四十年

葉乘榜妻金氏年二十八歲守節　學憲寶賚以貞心

古松表之

林永太妻胡氏年二十八歲守節終年七十有一

吳時亮妻林氏年少守節終年七十有四

胡崇祺妻陳氏年二十六歲守節終年六十有九

張啟臻妻吳氏年二十四歲守節終年七十有八

吳春鑑妻葉氏年二十六歲守節卒年六十有六

林春蕃妻陳氏年二十一歲守節終年八十有一

毛大蘇妻吳氏年二十八歲守節卒年六十有六

吳象妻毛氏年二十八歲夫故矢志栢舟盟心黄鵠終年七十有四

吳伯創妻胡氏少年守節其子文欽娶范氏年二十七歲欽故一門雙節

練國瓊妻周氏年二十七歲守節

吳恭妻李氏年二十七歲夫故堅志守節撫二孤成立孝事姑嫜和睦妯娌里族稱之

練元斌妻葉氏年二十歲守節

庠生練日垣妻胡氏少年守節

吳世金妻裘氏年二十九歲夫死家貧苦守孝姑睦
娌人無間言

練夢駒妻吳氏守節

練國瑞妻吳氏守節

吳榮業妻胡氏少年守節

胡元陞妻吳氏少年守節

練日恬妻胡氏夫故守節

吳大環妻胡氏年二十七歲有五子夫亡苦志堅守
數十載如一日貞一之風洵足嘉焉

練日頗妻范氏夫故守節

練日達妻張氏夫亡守節

胡增填妻楊氏少年守節

練文韞妻胡氏夫故守節

練文賫妻葉氏夫故守節

吳元肇妻葉氏少年守節

吳上泰妻陳氏少年守節

吳善應妻姚氏夫故守節

[illegible]范氏夫故守節

庠生吳迎鰲妻陳氏夫亡守節
吳士登妻陳氏年二十八歲守節朝夕勤苦撫子成
立子故復撫孫成立時年七十有八
吳明松妻周氏年二十四歲守節時年七十有五
練世鰥妻周氏年二十四歲守節時年七十有四
練元湯妻吳氏年二十七歲守節時年七十有四
劉其言妻吳氏年二十三歲守節時年七十有三
吳明榴妻周氏年二十二歲守節時年七十有三
葉永楊妻張氏年二十六歲守節時年七十有二

蔡元龍妻劉氏年二十三歲守節時年六十有八

吳亞譜妻劉氏年二十四夫故苦守貞操自持邑令

鄧以義同柏舟表之

吳自棟妻范氏年二十四夫故守節終年八十有四

吳永堪妻蔡氏年二十夫故矢志堅守邑令蔣以維

舟繼美表之

范邦樑妻練氏年二十夫故苦守卒年八十有四

范邦寧妻吳氏年十九夫亡守節金石同貞卒年六

十有六

張義棟妻吳氏年二十七夫故苦守氷霜自凛終身足不履閾外年踰七旬終

張繼樂妻陳氏年二十七夫故子幼苦守撫育訓其成立卒年六十有六

范義信妻吳氏年二十二夫故守節克全貞操卒年六十有四

范邦潮妻吳氏年十六夫故守節卒年六十有一

張仁棟妻周氏年二十八夫故苦守堅志不移撫姪承祧迄今子孫林立終年六十有二

張義長妻葉氏年二十六夫故守志子方六齡節凛
冰霜卒年六十有一
范維岳妻周氏年二十八夫亡遺腹生子苦志守節
撫養成人卒年七十有四
葉長銓妻周氏年二十八夫故守節卒年七十有四
邑令吳沆以冰霜矢節表之
吳其珍妻王氏未育勸夫再娶葉氏年二十夫故娶
媳葉氏年二十三子又亡姑媳同心守節學師沈
鏡源以冰節雙清褒之

張仁餘妻葉氏年二十六生子義幹年未週夫後亡以柏舟自誓義方訓子卒年五十有四

范發駿妻胡氏年二十四夫故遺腹生子家貧氏紡織度日撫育成人卒年七十有餘

吳永乾妻葉氏年二十九夫故子幼孝事舅姑矢志堅守邑令鳴山以節孝堪嘉表之

范邦鈖妻黄氏年十八夫亡遺腹生子尙模撫育成人邑令吳沆以節操可嘉表之

吳義盛妻范氏年二十七夫故守志繼姪承祧克全

大義邑令鳴以節義堪嘉表之

黄漢梅妻胡氏年二十八夫故守志撫子有成俾入

國學邑令黄以節義可風表之

張義顯妻陳氏年二十八夫亡堅志守節撫育幼子

義方成立現年六十有二

練學蘭妻甘氏年二十八夫故堅志守節邑令黄以

節義流芳表之

儒童劉光表妻周氏年二十一夫亡遺腹生子克明

紡織佐讀榮列成均邑令孫以節孝堪嘉表之

吳光統妻龔氏年二十七夫故守節撫子成立勤儉
持家耄年不倦教諭林以節壽雙輝表之
周仁煥妻張氏年二十二夫故家貧撫子誓守堅同
金石里族稱之現存守節
吳世孔妻魏氏年二十五夫故撫子守節義訓成立
吳日枝妻胡氏年二十八夫故矢志堅貞訓子成立
族里賢之
吳源妻范氏年二十八夫亡撫子成立現存守節
劉忠興妻繆氏年二十七夫故家貧守節子正銓妻

毛氏年十七銓又亡姑媳共守終始不二

王遇海妻吳氏年二十九夫故守志節比松筠子孫

林立儒學朱以壽節兩全表之

葉長英妻劉氏年二十二夫故子維浪甫三齡氏孝

事翁姑節勵冰霜里族稱之

周長有妻劉氏年二十一夫故遺腹生子世德撫訓

成立節操堅貞現年六十有三

吳積傑妻周氏年二十六夫故守節現年六十有一

周元秀妻陳氏年二十六夫故守節現年六十有一

吳積齡妻龔氏年二十二夫故守節現年六十七歲
吳上元妻周氏年二十六夫故撫子成立現存守節
庠生吳孟登妻劉氏年二十八夫故現存守節
吳上振妻周氏年二十二夫故堅貞自矢現存守節
項華新妻周氏年二十五夫故現存守節
吳世顯妻范氏年二十三夫故現存守節志堅金石
范培榮妻陳氏年二十四夫故現存守節
練世豪妻吳氏年二十七夫故現存守節
吳積信妻劉氏年二十八夫故現存守節

吳積儒妻周氏年二十五夫故現存守節

以上二都

姚天璋妻吳氏年二十八歲夫故家貧守志立嗣繼

後終年八十有二

吳立英妻蔡氏年二十八歲夫故守節其子德炳娶

媳葉氏年二十五歲炳又亡姑媳昔守姑年至八

旬媳年六十全卒邑令張以同心節操表之

廩生吳肅冕妻姚氏年二十七歲夫亡無子矢志不

二撫姪承繼卒年六十有七

姚國梁妻周氏年二十四歲守節終年七十有五

陳大娥妻吳氏年二十四歲守節歿年六十有四

陳文顯妻吳氏年二十六歲守貞節[illegible]

舟自矢靡之卒年七十有一

劉長武妻蔡氏年二十九歲守節現年六十有九

夏開啟妻項氏年二十九歲守節現年六十有三

蔡莫章妻劉氏年二十九歲守節現年六十有九

劉玉才妻吳氏年二十九歲守節卒年五十有六

吳紹勇妻陳氏年二十四歲守節[illegible]已卒

詔以氷霜守志獎之

貢宏宗妻胡氏年二十八夫故守節現年六十有三

吳竟貴妻夏氏年二十六子甫週歲氏茹苦撫歷久

節堅現年五十有九

劉民望妻項氏年二十九夫故守節現年五十有三

吳作楫妻馮氏年十八夫故遺腹生子竟被氏紡織

撫孤現存守節

吳希之妻楊氏年二十八夫故苦撫幼孤現存守節

以上三都

庠生江占鰲妻吳氏年二十六歲守節孝事翁姑喪
葬盡禮終年八十有六
庠生周殿麟妻吳氏年二十一歲夫故撫姪承祧氷
操自持現存守節
以上四都
葉新勳妻夏氏年二十六守節終年七十邑令蔣潤
以松筠節操表之
李長標妻吳氏年三十夫故守節終年八十有六
劉則榮妻吳氏年十九夫故矢志苦守繼姪潤廷以

續宗祧始終不二卒年四十八歲邑令黄以志同
氷霜表之
葉日川妻吳氏年二十八夫故克勵清操現存守節
楊恒福妻周氏年十九夫故子育週歲堅志守節
以上五都
吳大週妻楊氏年二十四歲守節終年七十有六
范邦久妻吳氏年二十歲夫故守節足不出閫門雖
至戚亦罕見其面鄉里稱之
范尚魁妻毛氏年二十八歲夫故苦守撫子成立現

年五十歲

范俊員妻童氏年二十七夫故守節現年五十有五

以上六都

何金燕妻吳氏年二十九歲守節乾隆九年邑令鄭

以節孝風勵表之終年七十有二

庠生胡繼堂妻姚氏年二十二歲夫故二子年幼誓

守撫育成人年六十有七

何其坦妻胡氏年二十七歲夫故以撫姪守節年六十

歲終

蜀如齡妻吳氏年二十六歲守節終年六十有九
胡錫袍妻余氏年二十六歲夫故守節時年六十一
吳光謨妻葉氏年二十九夫故守節終年八十有八
庠生胡鈺袍妻吳氏年二十八生一子志禮年甫週歲故氏苦撫守節娶媳吳氏生一孫子又旋亡媳年二十四姑媳相依同心完貞姑年八十終媳年七十有一終邑令鳴以冰雪雙清獎之
鮑爵壽妻黃氏年十八夫故家貧無子氏矢志冰霜紡織度日立姪爲嗣終年七十有七

何玉煒妻毛氏年二十七夫故守節克勵氷操卒年

七十有七

吳得時妻王氏年十九夫故遺腹生一子氏矢志柏

舟撫訓成立邑令戈廷楠以氷清玉潔表之卒年

七十有二

何美陛妻吳氏年二十五夫故守節松柏同貞卒年

七十有六

何其毅妻温氏年二十五夫故守節氷操自凜卒年

七十有五

孫繼懷妻瞿氏年二十三夫故矢志金石苦守不移
卒年七十有四
何其巍妻李氏年二十八夫故守節堅持清操卒年
六十有七
吳錫年妻劉氏年二十三夫故家貧子幼誓志栢舟
撫訓成立卒年七十
吳光海妻范氏年三十夫故守節卒年六十有一
庠生何其坤妻吳氏年二十夫故守節卒年四十四
何燦安妻湯氏年二十九夫故堅志守節始終無貳

氏年十九守寡又[illegible]守貞姑年五十

八孕媳現年六十[illegible]

何美傳妻周氏年[illegible]八夫故守節現年六十有七

庠生何其爵妻[illegible]二十六夫故現存守節

何美璜妻吳氏年二十九夫故守節現年六十有三

何美脩妻吳氏年十八夫故矢志堅貞現存守節

吳桂燕妻黃氏年二十三夫故柏舟自矢現存守節

以上七都

吳則稷妻葉氏庠生吳傳經祖母也年二十三歲守

氏年十九[illegible]又[illegible]守貞姑年五十

八卒媳現年六[illegible]

何美傳妻周氏年[illegible]夫故守節現年六十有七

庠生何其瓚妻[illegible]二十六夫故現存守節

何美璜妻吳氏年二十九夫故守節現年六十有三

何美脩妻吳氏年十八夫故矢志堅貞現存守節

吳桂燕妻黃氏年二十三夫故柏舟自矢現存守節

以上七都

吳則稷妻葉氏庠生吳傳經祖母也年二十三歲守

節壽至八十終縣令鄒以苦節生輝表之
楊翰弟妻吳氏年二十九歲夫亡遺腹生子家貧守
志事翁克孝撫子成立卒年六十有六
吳舉良妻楊氏年二十四歲守節時年六十有六歲
吳櫶妻楊氏年二十二夫故遺腹生子撫訓成人紡
織苦守松柏同貞終年九十有六
庠生楊何遠妻吳氏年三十歲夫故守節課子有晝
荻風長子思震明經次思舜庠生終年八十有七
楊公舉妻余氏年二十四夫故家貧堅守苦節紡織

度日誓死無二撫姪爲嗣今復撫孫里族賢之

庠生吳紹文妻周氏年二十五夫故遺腹生子矢志

氷霜撫孤成立現存守節

楊公倫妻周氏年二十五夫故苦志撫孤現存守節

以上八都

季長奎妻項氏年二十九歲守節壽至八十終乾隆

三年縣令郭從善以節孝流芳表之

吳新機妻周氏年二十七歲夫故矢志靡他撫姪承

繼邑令陳以璠氷雪表之終年七十有三

季潯龍妻龔氏年二十八歲夫死守節邑令張以冰
操堪風表之卒年六十有四
沈長璨妻龔氏年十九歲守節生一子甫週歲氏矢
志冰霜孝敬翁姑撫子成立壽終九十有六
陳志鑛妻沈氏年二十六歲守節卒年六十有五
吳金符妻林氏年二十四歲夫亡撫子啟昌守節娶
媳王氏年二十一昌又亡家貧姑媳紡織同心完
節
庠生田涵妻周氏年二十一夫故守節卒年六十九

季子人妻楊氏年二十六夫故苦守貞節卒年八十
庠生季熺妻姚氏年二十五夫歿苦遘疾氏親侍湯藥衣不解帶經年夫故哀慟失明誓志守節撫子應選訓養成人長入國學孫有六長銘遊庠食餼邑令樂韶以志潔冰壺表之終年六十有八
吳廷舉妻楊氏夫故守志卒年九十三邑令戈廷補以令儀壽毋表之其子庠生邦彦妻金氏年二十八彦故金孝姑撫子督課成立諸孫相繼遊庠恒楷係邑廪生金年六十有三卒

吳子佈妻李氏年二十□九守節終年八十六臨終
諄諄命子長遠砌脩黃荊橋大灣灣道路百餘丈[illegible]
田沃妻蔡氏年二十七夫故撫子守節兆能讀書
嘉琪嘉錫同入邑庠邑令黃煥以賢同孟母表之
長媳嘉琪妻吳氏年二十四寡吳亦勵志守節侍
奉遺姑人無間言今其長孫元已列黌序儒學沈
以植節嗣徽褒之現請詳請
旌表建坊
吳喬木妻周氏年二十六夫故撫子啓文堅志守節

卒年六十有二

田易妻吳氏年二十六夫故撫孤守節卒年六十歲

蔡啟福妻李氏年二十九夫故家貧守節誓死靡他

卒年七十有七

吳經庭妻賴氏年二十六夫故守節卒年六十有二

謝廷棟妻劉氏年二十八夫故守節卒年六十有四

廩生吳信妻穆氏年二十四夫故家貧矢志守節卒

年五十有二

田如衡妻劉氏年十八夫亡守節誓不改適卒年三

十有九

吳成浩妻姚氏年二十八夫故撫子應聘守節娶媳

陳氏年二十五聘又亡陳矢志不二侍奉適姑同

心完貞媳年四十六卒姑現年七十有九

李永和妻吳氏年十七夫亡堅志守節卒年三十三

許汝揚妻吳氏年二十八夫故守節現年七十有四

李發松妻吳氏年二十六夫故守節現年六十有五

儒童李應琣妻吳氏年二十九夫故撫子必鵬親持

家政義方課子娶媳姚氏年二十四鵬又亡舉子

錫賢方適氏矢志堅貞姑媳相依同心守節

廩生田蘇錫妻吳氏年二十五夫故堅志守節撫孫

成立義方是訓二子煌和同入庠序

季仲康妻吳氏年二十四夫故守志遺腹生子林氏

力勤紡織撫訓業儒現存守節

毛可桂妻郭氏年二十八夫故守節卒年八十有四

姚長壽妻蔡氏年二十八夫故現存守節

謝永陽妻王氏年二十二夫故矢志堅貞現存守節

季仲武妻余氏年二十七夫故守節現年六十有一

吳新鎔妻李氏年二十六夫故矢志堅貞現存守節
吳金鎭妻蔡氏年二十六夫故志誓柏舟冰操自勵
繼姪以承先祀現存守節
田嘉懋妻沈氏年二十三夫故堅貞自矢現存守節
周顯榮妻葉氏年二十五夫故撫子成立現存守節
吳海儀妻沈氏年二十四夫故現存守節
儒童田璣妻周氏年二十六夫故苦撫幼孤義方惟
訓現存守節
沈朝雝妻徐氏年二十七夫故苦撫幼子現存守節

葉開明妻吳氏年二十九夫故撫遺腹子苦志守節
李兆表妻吳氏年二十二夫故矢志堅貞現存守節
李兆槐妻吳氏年二十五夫故志同金石現存守節
沈尙疇妻朱氏年二十五夫故守節始終不改其操
以上九都
廚士董妻楊氏年二十八寡舉姪茂冕以承夫嗣俾
入國學孫唐聘唐平俱業儒氏樂爲善舉獨捐貲
金建造吳村屋橋併砌脩道路現年六十有六儒
學沈鏡源以淑貞慈善褒之

周仲堯妻謝氏年二十四夫故撫子文亮年方襁褓
氏堅志守節誓死靡他終年八十有一
林元發妻陳氏年二十九夫故撫子苦守貞節
周子啟妻毛氏年十九夫故矢志堅貞現存守節
林元潘妻葉氏年二十七夫故苦撫幼子現存守節
楊富盛妻陳氏年二十九生一子甫五月夫即物故
氏堅志撫孤苦守貞節
鮑長松妻沈氏年二十四寡繼姪承祀現存守節
以上十都

王明學妻周氏年二十歲夫故生子之泰年二歲撫子成立娶媳李氏年二十七泰又亡姑媳同心守節康熙十七年邑令羅給以一如氷清四十二年溫處道憲佟以松柏雙清表之

王國彬妻厲氏年少夫故撫子守節尤樂施予乾隆四十九年歲荒鬻産以賑鄉里耆老咸稱節義壽年八十餘終

毛光基妻鄭氏年二十四夫故節勵氷霜矢志不二生子先華撫孤成立娶媳葉氏年二十九生子鳳

鐏而華又亡姑媳同心守節鐏入國學謹遵祖姑
遺命每遇歲歉周恤鄰里邑令樂以冰櫱同心表
之姑年八十終媳年六十現存孫袚林立
儒童沈旺越妻李氏年二十六夫故堅志守節義方
是訓子起援例孫之涵入庠寄居浦東邑令以節姚松翁表之
沈長禎妻張氏年三十夫故堅志守節卒年六十有
七寄居浦東
鄭柏松妻劉氏年二十七夫故守節卒年六十有六
蔡邦輔妻楊氏年三十夫故守節堅貞自矢訓子聲

已入邑庠邑令樂以節孝可堪嘉表之

監生沈維朋妻湯氏年二十八夫故現存守節

蔡邦壽妻夏氏年二十五夫故現存守節

吳佛養妻葉氏年二十九夫故苦志守節現年七十

以上十一都

吳恒熙妻李氏年二十四夫故守節善事翁姑和睦

娣姒罕出閨門不妄言笑卒年六十有餘

姚長朋妻沈氏年二十九夫故家貧立志堅貞清操

自厲現存守節

邵文淳妻謝氏年二十八歲夫故節勵冰霜志[illegible][illegible]
石攀侄以綿夫嗣
李煦蕭妻沈氏年二十七夫故撫子愈珉教育成人
現存守節
吳炳烈妻藥氏年二十八夫故孝姑撫子矢志堅貞
現存守節
庠生邵友仁妻蔡氏年二十九夫故子爲栴甫三齡
氏事姑撫幼和睦妯娌行不出閫現存守節
壽婦鍾聲高妻麥氏現年壹百歲生四子俱存孫八

曾孫五其聚一堂儒學沈以錫齡衍慶贈之

以上十二都

賢母

瑞金縣知縣姚鐸妻吳氏鐸故時二子姚軾姚轍俱年幼母勤力訓子俱遊庠考授州同郡守孫大儒給以共孟同心匾額

增生吳元觀妻季氏勸夫納妾陳氏生二子夫旋亡時季氏年二十八歲陳氏年二十歲同心撫孤成立雍正四年訓導許以𤧚孟遺風表之目見五代

朱文勝之妻胡氏年二十九歲夫故子朱學瀠幼僅四
齡家世寒微勤紡績撫子成立遊庠食餼乾隆
七年縣令鄒以風同晝荻表之
廩生鮑晁妻吳氏少執婦道因育疾力勸夫再娶吳
氏生二子而夫亡吳氏年二十八歲次吳氏年二
十四歲同心苦守事姑以孝撫二子日啓日起俱
遊庠邑令鄒以晝荻遺徽鄒令以雙節並輝表之
吳榮豐妻黃氏年二十六歲夫故子吳凌雲僅週歲
氏矢志撫孤兼父訓其子成立遊庠

姚華岳妻吳氏年二十六歲守節訓子讀書入庠邑令鄒以美匾和丸表之

姚世鐸妻吳氏年二十三歲夫亡子姚煒甫三歲家無産業栢舟自誓事姑訓子各盡其義子遊庠李學憲寶給以孟母遺芳匾額

監生楊鶩妻陳氏年二十一夫逝養姑撫二子成立長樹朝貢生次樹望庠生

楊珍商妻吳氏年二十四歲夫死守節訓子入泮乾隆四十六年督學王以勵撫請匾表之

吳新鋪妻李氏監生李鍾嶽之女年二十四歲夫故孝事翁姑撫育三子俱入庠邑令鄒以節勵垂芳表之終年七十有三

練紹周妻吳氏夫故守節矢志不貳族賢之

附監何玉瑞妻謝氏[illegible]年二十八玉瑞亡矢志守貞誓不改適子其[illegible]方是訓俾入邑庠有聲卒年六十有二

何其櫃妻湯氏性貞淑年二十三歲夫殁守志不移時年六十有二

庠生李謨妻吳氏貢生吳得訓之女年二十八歲夫
故守節撫孤成立儒學贈以有此君操
庠生李士賢繼室吳氏年二十二歲夫故守志生子
逢丙尚未週月前子逢春年方四齡撫視如一苦
訓二子俱入邑庠守節六十餘載壽至八十四終
練學高妻周氏秉性賢淑夙嫻母儀夫故子幼產簿
苦儉持家義方訓子次男自精現入邑庠教諭林
風堪追陶表之
庠生姚瀛妻吳氏幼遵家訓于歸後未育勸夫再娶

楊氏久未育復勸再娶吳氏夫故氏善處二氏同心守志而且樂善施予不惜重貲獨修寧溪巍壽嶺百有餘丈繼姪遠應爲嗣爲之婚娶俾入國學鄰族賢之

補遺

墩內葉士塑妻吳氏年二十四歲夫故撫子守節

周吉元妻吳氏年二十四歲夫亡志勵冰霜康熙戊戌年邑令金以淑善傳揚旌之

吳家麟妻葉氏年二十歲夫故守節訓子遊庠

吳燮煥妻練氏年二十四夫故守節現年五十有四
吳起棱妻胡氏年二十七歲夫故守節撫子侑僃身
列戚均府憲吳贈以節操冰霜匾邑令譚以節孝
可風表之卒年七十有二
庠生吳倘志妻鄭氏年二十九歲夫故守節卒年六
十有三
吳大爔妻胡氏年二十三歲夫故守節卒年九十有
八子士烈妻葉氏年二十四烈又亡仝姑完節卒
年七十有六

吳正諄妻管氏年二十八歲夫故守節現年六十
葉明照妻胡氏年二十四歲夫故現存守節
吳盛耀妻胡氏年二十九歲夫故苦志守節現年五
十有五
胡兆燦妻吳氏年二十六歲夫故矢志守節現年七
十有六
王開椅妻吳氏年二十七歲夫故守節撫子宗齊宗
潢成立
葉光烈妻吳氏年二十八歲夫故守節

吳正金妻胡氏年二十九夫故守節堅貞自矢撫子
成家
儒童毛元鰲妻吳氏年二十五歲夫故守節事姑以
孝訓子成名卒年六十有四
儒童毛元斐妻陳氏年二十三歲夫故守節遺腹生
子飛熊撫訓成立邑令劉以閫德流光贈之卒年
六十有九
胡學權妻陳氏年二十二歲夫故矢志守節現年五
十有四

道光二十三年補刻閨操

庠生姚緒溥元配余氏生子含璧繼娶吳氏年方二十二歲夫故撫養含璧一如己出親爲訓課以至成立苦守節操卒年四十一歲

儒童姚青妻李氏生子含璦年方二十六歲夫故撫養含璦至于成立矢志冰霜卒年三十六歲

庠生姚圖妻吳氏生子含琰年方三十一歲夫故課子日夜勤讀一切家務不令分心慈嚴兼盡實有陶歐之風現存守節

武生周殷麟妻吳氏年方二十二歲夫故苦守節操
呂學師給以松筠節操匾額
葉應楚妻吳氏年方二十八歲夫故撫子瑞齡成家
立業苦守節操現年四十五歲
儒童蔡高中妻吳氏年方二十歲夫故苦守節操奉
養公姑孝敬弗懈現年三十九歲
二都山柿圳坑李大會妻吳氏生一子名仁全又生一
女年二十夫故撫孤守節現年五十八歲
廩生李煥秦城西人妻葉氏生一子名毓麟又生二

女年二十七歲夫故鰥鱗方週歲氏紡績度日苦
志守節撫子女成立卒年五十一
柳永和三都林后村人妻吳氏生三子氏年二十九
歲夫故家無微産三子俱幼氏誓志守節令諸子
長成衆孫林立現年八十歲
范維岳妻周氏年二十八歲夫故守節
范發駿妻胡氏年二十四歲夫故守節
吳啟彪妻許氏年二十九歲夫故守節現年六十
季王夏妻吳氏年二十七歲夫故誓志守節

慶元縣志卷之十一　知慶元縣事吳綸彰重修

知慶元縣事宋　琛補刻

雜事志

祥異　仙釋　寺觀　庵堂　叢記

八政九功前卷分識其大矣然春秋有災必書洪範休咎並列史家亦不廢災祥之說至若方外浮屠雖爲君子所擯而琳宫梵宇相沿旦久不忍遽湮故與之畸人奇蹟事堪考鑒者並附於末志雜事

祥異

邑志災異猶史書五行和氣致祥乖氣致異天人相應之機有較然不可誣者人能恐懼脩省以回天變則大爲國徼小爲家兆悉可轉禍爲福悔無咎矣

永樂十四年秋七月大水

成化三年夏六月地震　秋八月大雨雹

嘉靖九年夏六月大霜殺禾

三十年丙辰白馬精見

精自政和來氣如硫黄中者即昏仆婦人尤甚闔
邑驚惶達旦後延五顯神驅之旬日乃滅
萬歷二年甲戌地大震官舍民居傾頹
三年乙亥大饑
是歲五月民間絕粒野多餓死知縣沈維龍發倉
賑之民困始甦
冬十月八都雄鷄變雌
十六年戊子夏四月朔大水
衝壞北城七十三丈民居漂沒人多溺死

國朝

順治五年戊子九月天晝晦不辨行人

冬十二月羣虎食人

六年巳丑大饑

十二年乙未大饑

民多餓死知縣石聲垣先賑粥五日邑中樂施者

輪日煮粥於塔院

十七年庚子夏五月颶風發北壇樹木盡拔

十八年辛丑夏五月大水

冬十一月虎食人署縣事同知田嘉脩禳之乃去

康熙五年丙午秋九月地震

九年庚戌羣虎食人知縣程維伊禱於城隍廟虎遂

遁跡

十年辛亥夏五月大旱青虫食苗知縣程維伊詳請

蠲免事見蠲䘏

二十五年丙寅夏四月朔大水

衝塌西城數十丈

三十四年乙亥冬地震

三十六年丁丑饑

四十八年己丑夏五月大水

五十九年庚子夏五月大水

雍正二年甲辰夏五月大水

十年壬子夏六月禾生黑蠅

乾隆元年丙辰秋七月大水

三年戊午秋七月大旱青虫食苗

七年壬戌虎食人知縣鄒儒命射戶捕殺患始息

十三年戊辰夏四月大水

十八年癸酉大饑
十九年甲戌夏四月地震
二十一年丙子夏四月大水
二十五年庚辰夏五月大水
二十六年辛巳冬十一月羣虎食人署典史陳子佳
募強弩射之獲虎三
二十九年甲申春二月大水雹
三十二年丁亥夏五月大水西隅民屋沉溺
三十五年庚寅春正月丁酉彗星見戊戌火

延燒治前數千餘家狀元尚書齋坊並燬

三月大水

三十八年癸巳夏五月大水自馬山崩

三十九年甲午冬雄鷄自斷其尾

四十五年庚子春三月大水　冬十一月大水

四十八年癸卯秋七月戊戌彗星見庚子沒

延燒治前百餘家

四十九年甲辰大饑

夏五月大水西隅民屋沉溺

五十三年戊申夏四月大水

金溪水從西城衝入轉北城衝出壞西城七十餘丈北城二十丈淹塌西北隅民居溺死者數人

六十年乙卯夏四月蓋竹山崩坍沒普化寺於隔溪山下死者四人

嘉慶四年庚申羣虎食人

六年辛酉羣虎復食人　夏六月青虫食苗

十二年丁卯夏六月大水雹　冬十月天鼓鳴

十三年戊辰夏五月大水　秋七月復大水

城内西北水深丈餘　九月地震

十四年己巳大饑

十九年甲戌冬十一月彗星見

二十二年丁丑饑

二十四年己卯虎入城

道光元年辛巳羣虎食人

二年壬午羣虎復聚知縣樂韶疏告城隍虎跡遂遁

仙釋

仙釋道空老君術幻其爲虛無寂滅一遁淮[illegible]

流傳已久事非無稽概以斥之恐滋駭俗姑存

之以備覽

五季

馬氏三女仙五季時華亭人也至德中父擕母盧氏

男一女三避亂盧氏有弟從焉次溫州父死於羅

洋郎塟於其山服闋過青田縣十三都七里渡次

女墮河水迅莫能救去之尼庵駐足一夕母夢次

女曰母居此脩出世法無庸也括有山曰百丈盍

往結茆鍊性但患饞志不堅耳母覺念次女已死

夢語可信遂同二女問道至百丈山見山多奇勝歎異之遂誅茅結室爲脩煉地居無幾忽然女從空下母驚愕曰若墮河死矣何復活至此女曰兒溺水至七里口援楊棱攀岸得活覓食鸕鷀村有盧翁慰兒曰若尚少無患失母姊盡留我家俟年長爲吾兒婦得所矣兒勤紡績敬事而已庚申歲饑出趁紡鬴回遂遇老翁授兒丸藥服之覺身輕及渡翁以雨蓋置水上爲航載兒曾有貨花藥姓者詫爲異呼曰翁渡我不忘恩德遂同[illegible]

仙術次年七夕見於屋後牛頭嶺白日飛舉母聞
之喜甚女以丹實著匙舉母母未飲俄有雀遺矢
中之女歎曰母無成道緣矣會歲旱三女囑盧舅
下山稟邑令預刻日時能致滂沱雨邑令詣山謝
之及母死葬於山之西澗四面水繞老松盤虬如
蓋有松溪邑令入山見三女色欲謀娶之女諭曰
汝能一晝夜從縣砌路達此山即從汝令趲工砌
之女民其路成遂白日飛昇去今巖上有剪刀鏡
臺履跡石痕。

吳土主名十七郎五代時仕周爲諫議大夫得異傳幻術徙居松溪遂應場既沒鄉人立祠禱求多應至正間有賊犯境鄉人禱神兆吉率衆拒之賊見兩山兵幟甚衆披靡大敗斬獲甚衆今遂應場吳姓即其後也詳見叢志

宋

黃十公下晉黃坳人宋時樵於仙桃山見二叟對奕取其餘桃啖之不知饑渴叟語曰此後毋食煙火物及歸已春秋三度矣始知所遇者僊也憾未覽

叩還丹訣復往奕處但鳥啼花落而已呼之輒應
聲在百花巖上遂窮其巔結廬居焉幾二十餘年
一日見馬仙面壁而坐公跪竟日仙鑒其誠授以
罡訣後坐化石上至今石上有鈴刀痕跡歲旱禱
之輒應

梵公二一都人宋時充縣隸因令尙酷刑公以慈貯衙
私繫杖上救活甚衆一日令見公步離地尺餘問
其故乃以實對大異之遂至松溪白鶴山修煉功
成頭冠石日同至三一都烏嶂山飛昇去至今鄉人

禱應如響

明

葉有暘，西隅人，精巫咸術。時西隅梟橋下有鬼焉，亡一日不爲祟，鄉人每逢薄暮不敢行，暘以法驅之，祟遂滅。遠近病者踵門求符，立見神效，尸解。

翁正五，翁由村人，學閭山術。邑有病魘者，索符驅之，輙愈。翁村多死雀，稻初熟，雀爭饗之，甚狼籍，村農患之，謀諸翁。翁曰：「吾當令之去。」已而果然。今其村獨無死雀，相傳爲正五所驅云。

國朝

達一字廣貫溫郡人初掛錫於萬壽庵能修道行出衣鉢以整庵宇後住持慈照改造正殿築墻垣乾隆庚辰倡建角門橋費以千計貫舉所入租石除修齋外盡輸為工匠口食如是者數年一日沐浴整衣端坐而化邑人肖其像於橋左

元璧俗姓無考溫州人善詩文捨家披剃來葛田梵安古剎村人難之曰此寺之荒廢久矣師將何為荅曰吾豈圖便常住持者耶遂以原址重為募建

未幾而寺復興門下披度者甚衆

寺觀庵堂

同爲釋老所棲而洞天福地名號不一如衲子提招羽士丹室咸多勝槩海市蜃樓並資嘯咏因名考實似不可廢

寺

石龍寺　石龍山下唐乾符間邑人吴馬劉裕共建宋寶祐元年邑人吴齊造經藏一輪今廢明天順元年有火者盜銅板撥寺造鈔發覺部[illegible]議索之弗得因罪及有詔抄没使者一夜夢神[illegible]火者屍處及獲免改名神力嘉靖三十七年邑人吴安慶募修易名塔院教諭吴瑞有記順治十七

年重脩乾隆三十四年僧普靜募脩詩見藝文

天銘寺縣東象山下建自蕭梁元至元間僧至善重建詩見藝文今廢

普化寺二都蓋竹宋天聖二年建詩見藝文乾隆六十年被水坍没今廢

南山寺二都蛤湖

廻龍寺二都官塘道光七年重建

廣福寺五都金村唐乾符元年建明嘉靖十八年洪水漂没僧元保於横磼搆小刹居之

慈照寺五都魏溪唐乾符二年僧覺正募建明正德二年僧惠䄵重修乾隆甲申年僧廣瀰重修詩見藝文

莊嚴寺六都蔡段唐中和二年建宋大觀三年僧了端造廵經藏一輪今廢明宣德九年建法堂景

泰五年僧惠昶建鐘樓詩見藝文
道光十一年僧悟本重修

真乘寺　六都山根宋淳化二年夏聰建明宏治十一年僧順輔重修乾隆年間僧普靜復建西樓

薦福寺　六都宋乾德二年建今廢

慈相寺　七都中村唐元符三年建明正統十年僧宗成重修

淨悟寺　七都隆宮唐乾興元年建明萬歷元年僧德誠重修詩見藝文

安穩寺　八都唐時建明嘉靖僧福昕僧宋淳熙年燬里人楊照臨復建捨租七百把爲香燈之需

涔會寺　八都捌水唐大中二年建明嘉靖二十三年僧福昕募僧志嵩廢二年燬三年[illegible]夔龍倡捐改建樣溪水尾內建文昌閣

淨心寺　九都潛衢唐乾符三年建明隆慶五年火萬歷元年僧安常募建

多福寺九都宋咸平十年建今廢

大覺寺十都鷲峯下宋咸平七年僧定吉建明天順二年僧戒銓修詩見藝文

化成寺十都下溛宋興國二年楊俊捨址僧智喜建天順五年僧刀渠修道光十年僧月明復修

勝因寺十都上溛宋咸平三年建邑人吳怡捨田壹百三十畝吳氏捨田四十畝以作寺內香燈追薦因年久寺傾圮嘉慶十八年裔孫公選一桂等重修道光九年僧□高復建倉堂及兩廊大門

覺林寺十二都臺湖□宋熙寧元年里人李尚初建併捨糧田山地□寺以作香燈之需成化二年李永福同僧廣□重修康熙年間燬雍正五年李昌發□□□等復修

天真寺十二都□□□宋咸平七年建

梵安寺十二都葛田宋咸平四年建後廢乾隆年間僧元璽重建詩見藝文

廣教寺十二都朱威平仍建今廢

觀

薰山觀今廢

庵

萬壽庵豐山門外崇正五年邑人葉銘等捨基倡建並捨田租壹百貳拾入庵又吳攀桂等捨田租壹百把以爲香燈之費康熙十九年重修年久傾敧道光七年貢生余捷等呈請前令黃焕准將庵租公貯復修佛像一新詩見藝文

楓林庵東隅明崇正十六年僧寶華募建詩見藝文

東隅桐山下順治四年知縣

菩提庵李肇勲建今廢詩見藝文

萬松庵 縣南三里康熙二十年邑人余世球偕啣泉募建詩見藝文嘉慶二十五年余世球派下四世孫合建下廳三楹並建大門

東振庵 一都石記岱村康熙四十五年周姓房建

雲泉庵 一都上營崇正五年建左有大士閣右有華光殿詩見藝文

司理庵 上營

南峯庵 上營東溪內懸大一公衍祠匾

勝隱庵 下營廻龍山年久傾圯嘉慶三年葉發良建詩見藝文開墾田畝赴縣呈明免買官穀

道者庵 二都

靜室庵 二都周墩一在九都新窑

龍會庵二都橫坑康熙三十二年建

東陽庵二都

源隆庵二都順治十七年邑人王京維僧東榮建詩見藝文

慶雲庵二都底墅

復興庵二都賢良嘉靖間建康熙四年復建道光庚寅年葉姓復修

雨花庵二都明崇正間葉一舉建詩見藝文今廢

福興庵一在二都黃沙康熙十四年建一在西川康熙三十年建乾隆十三年張從秀啟瓊募修

清風庵二都萬里林頂今廢

東華庵二都甫洋元延祐間建康熙戊寅重修

西峯庵二都新村道光四年重修

碧泉庵二都竹坪留香雨村合建

烏石庵三都

百花庵三都祀黄十公歲旱祈雨立應幽邃花木奇巖峭壁相傳有神僧在焉詩見藝文

伏虎庵三都伏虎山下元至元間建康熙七年僧法如重修後廢乾隆間僧心燈重建庵前怪石古木秀色可餐又名雙溪庵詩見藝文

清隱庵四都宋祥符間建順治八年僧寂慧重建詩見藝文

龍濟庵四都詩見藝文

天堂庵五都明崇正七年僧成道建詩見藝文嘉慶十四年燬道光四年里人張振芳重建並裝

塑佛像併將庵內原管土名苑窖岡田租捌拾貳把又幽蹲租捌把仍歸入庵以作香燈忠粮之需

百丈庵六都百丈山馬仙飛昇處順治十年又僧體明重建續因僧人不法帶據逃走稅無完庵產蕩廢乾隆二十年邑人吳又浩吳宗聖季建忠張德配葉上蓁黃廷樹吳光玉楊芝臻等控歸入庵重新修理知縣羅岳珪斷令此庵界連三邑不用僧住惟招誠實廟祝看守庶省派費以免敗壞造等遵招張勝萬住持乾隆五十八年勝萬將庵餘息復行重修並增建觀音堂嘉慶十九年邑令譚正坤又諭吳又浩等後裔吳元祿吳選辛季士樸張秀發等經理仍招安人任持庵外新造灶房觀音堂倒塌建羅公祠道光三年廟祝毛元起砍鶩平坑屋後嶺百有餘丈至今庵內香火尤盛現招董韶學任持管守其庵田坐稅陸拾畝零山坐稅九十九畝零六盞一山坐鹽廳土名山茶林一山坐落葛蕭洋一山坐落花洋一山坐落牛嶺土名牛塘坑一山坐落平坑土名十三井一山

坐落奶圳土名嶺坳一山坐落
小關村水尾土名桃灣
普濟庵百丈山半嶺又名平坑後廢將庵租盡撥百
丈庵詩見藝文一在魚門嶺繡頭
山岡庵三都順治五年僧勝巨慧猛募建詩見藝文
道光十年僧湧傘重修併建樓房
福慶庵八都樟溪西山下康熙四十一年建
嘉慶二年知縣魏夔龍倡修
慈容庵九都竹口蓬塘洲明崇正甲戌年僧海崇創
建詩見藝文道光六年僧德緣積貲重建外
堂又置買庵左土名
官路後山㘭一處
海會庵竹口水尾明崇正
間建詩見藝文
青峯庵九都青峯山絕頂明天啟元年重建
順治十八年僧正華修詩見藝文
亭湖庵九都黃壇村神農廟後詩見藝文
本里介賓季上璧獨建大門

龍興庵十二都姚村郎福善堂前明崇正十三年建

盤石庵十一都詩見藝文

薑庵十一都槐源

般若庵十一都

堂

無疆堂縣治東隅創建事實詳註馬夫人廟

雲鶴堂縣南來龍山舊名集善堂又名鉢泉庵元延祐乙卯邑人姚濟入建明天啟三年僧晉珖重修崇正十酉年僧統啟增外堂及西樓康熙五年僧永澈重修雍正五年姚叔懋扞入右側堂基一催並捐六都淤上等村田貳百餘把爲香燈入年並十二年僧心會將上下兩堂移建右側有詩

六如堂東隅明正統元年葉德一建萬曆二年冬葉荷重修詩見藝文

石獅堂上晉詩見藝文

福興堂下晉元至正元年潛元鼎建內供諸佛外祀土神盧相公康熙十一年閣村重建乾隆六十年增建詩見藝文嘉慶十八年兩堂同燬二十年本里吳恒魁吳建謨陳坤吳克耀八琎重建

福善堂下晉龍鳳十一年里人吳順卿建崇正年間吳廷殷修詩見藝文

白蓮堂下晉小濟龍鳳三年本里有女名白蓮捐建因名又名報資詩見藝文今廢

凈信堂二都周墩詩見藝文

樂善堂二都南洋順治間建道光元年重修

善慶堂四都明崇正年間江文浦建左爲馬仙宮右爲江氏祠

正信堂八都槎溪村康熙二十年建
嘉慶四年重修

福現堂十都

正信堂十都

善應堂十一都

古佛堂十一都槐源村

勝明堂十一都

正應堂十二都

崇興堂十二都西邊村乾隆年間建
道光任持僧徧照捐貲重修

集善堂十二都河源村

觀音堂一在東鄉二都五大保康熙二十五年葉元星等倡建乾隆五十一年葉發良重修道光元年葉福海倡修加建火廂一楹一在西坑村嘉慶二十一年邑人捐建里人吳其珍妻王氏葉氏捨入水租五拾把一在楊家樓村道光四年建一在三都泒石坑尾乾隆四十五年周宗紳等募建一在四都鳥橋頭一在八都棘蘭隘一在九都埠梁橋頭皆置田產以爲往來茶火之需

緑波堂二都青草乾隆四十二年吳世吉仝子吳兆瑞建復捐租壹百把爲茶火需

甘霖堂二都梧桐嶺乾隆四十七年吳兆桂子星海倡建復捐租五十把爲茶火需詩見藝文

福慶堂七都呂源

宫附

景星宫東隅上倉宋景定元年建後改造麗陽行宫今廢

北斗宫 二都

馬仙宫 下管明萬曆三年里人吳道撰等建以祀馬夫人外祀諸佛嘉慶七年闔村捐建下堂及兩廊大門

永安宫 二都

二仙宫 九都黄壇蠏龍山頂

仙樂宫 二都賢良道光七年原建

殿附

上清殿 竹口邑人劉廷璧捨址建

三元殿 在石龍山

陳泰鄉龍安社殿十二都姚村乾隆九年里人捐建
一在九都崔家田
盤根祖殿十二都山頭龔等村
永安殿十二都姚村道光二年里人捐建
本里監生邵安仁獨修殿前大路貳百餘丈
觀音殿二都楊橋村
練國潛建
芙蓉殿二都黄壇兒村
石壁殿二都石板倉頭
治十五年衆建
南隆廟二都賢良乾隆
辛巳年衆建
福安廟二都南泮嘉
慶年間重修

叢記

宋紹興間坑西源口有雉精溺水爲祟瀕于山邊廣數丈至今不毛止于大松松亦曲垂如鉤自侍郎胡紘生遂歛伏不發後紘讀書遊學有童子爲之挑燈負笈隨癸甲午紘入京師取應亦與俱焉及掌中銓持金酬之其人曰某固非人乃公村前老雉所以不憚勞悴服事公者非爲利也欲假公以遂封耳紘詢其所欲荅曰縣東一百里赤岩之下有三井爲峭壁懸流深不可測吾欲此與雲雨以濟一方耳乃白其事於朝至今歲旱以

雞犬投之泉立湧出兩亦垂至人稱爲東溪老龍

縣西南八十里有張天村居萬山最高處山嶺有平地十數里平地中又起一小山山上有地數丈氣嘗蒸蒸大雪不積地方官呵道過其地率不利亦異事也

康熙十年歲饑二一都人有至縣負米饍母者早行欲如厠置米門外及出已爲人竊去遂投水死須臾雲起雷大震一人蹶死路前乃即竊米者

乾隆六年秋邑有虎患邑令鄒公詢於吏欲召獵者捕之吏對以山深未易捕禳於神可祛也鄒公詢何神最

靈吏乃以土神吳三公對鄒公郎齋沐撰文敬告其神是日安溪村吳氏婦樂於屋後破柴無意殺一虎而害頓息鄒公乃以殺虎顯靈并書其由懸匾於師公橋
乾隆七年知縣鄒公儒建對峯書院傍有舊墓一塚碑記明故南平尉張公之墓與周垣相逼欲改扦之因以牲醴撰文親告其墓扦於南山之陽及墓啓見誌石一塊字多剝落難識惟最後四語猶尚可讀其文云東魯嗣音書香此熾南山可移壽藏終吉公讀之不勝駭異不特建造改塟二事已明言之并其姓氏及扦塟之地

皆明明指出九事前定非人之所爲也文云吁嗟乎張清河之芳生於明代仕在閩疆何年羽化於茲兆藏人稱野塚地比北郜歷數百年見者悲傷我念松源士氣弗揚欲磨頑鈍化作精良因謀庵舍以資修藏卜肇其基於茲先臧惟君兆宅適逼其旁人鬼混雜吉凶相妨君魂靡定我意徬徨爰卜佳辰丙午之剛爲求吉壤于南之岡酹以清酒炷以馨香潔牲三品哀詞數行敬告墓前君其來嘗嗚呼鴻鈞滲滲大造茲茲何非天地到處安康君其達觀毋太拘方君其曠懷毋戀其鄉

慶元縣志卷之十二　知慶元縣事吳綸彰重修

知慶元縣事宋　琛補刻

藝文志

記　序　傳　賦　碑　雜文

箴　詩　前志序錄附

詩以達意，文以足言，非苟爲炳炳烺烺，務采色、誇聲音也。凡山川橋梁學校祠宇，詩以咏之，文以紀之，美斯愛，愛斯傳矣。其詩傳，其文傳，而其地其事亦與之俱傳。孰謂文章小技可廢？其散落乎？慶邑藏書甚少，前代遺編，經先輩所刊錄者，已剝蝕無存，惟篇章出

自近代紀述存於邑志者尚有可考今擇其卓然可紀者付之剞劂以備觀風者採擇焉志藝文

記

建慶元縣經始記

知縣 富嘉謀

處繞縣有六龍泉距處爲遠而鄉之松源又距龍泉爲綦遠地居浙東之極中高而下下流水四注而湍急其巉巖之峰巒谽谺之石屹立於甌南閩越之交嶺複而益峻道險而益險有戶萬計願爲邑者有年矣其居幽遠足跡未嘗至縣有不得其所者令有所不聞凡豪民之

武斷賦役之不均訴訟之不平其能自辯於令之庭乎慶元丁巳民以狀白府請以松源一鄉益以延慶鄉之半聽置爲邑聞於郡刺史達於朝時冬官貳卿胡公紘松源人也爲丞相京　新公所推重首言建邑便　新公深然之冬十一月詔可錫名慶元宜得才智士經始之乃不以嘉謀無似俾之首膺其選丞相大書縣額以鎮茲土始鑄縣印俾嘉謀躬佩而往越明年三月既塈至是領略山水宜爲治所者獨薰洋平曠而殊勝矧地擇厥中鎮以龍山印以龜潭遂卜地於茲建縣治若迎詔頒

春若庚釬罔不咸具丞廨在其東尉廨在其西縣學在其北邑之内植坊一十七所乾之維則有社稷以春祈秋報坤之維則有教場以閱武治兵乃廟司城於東乃橋廣渡於西乃開山通道於福而行旅者得由坦道乃闢地鑿崖於安溪而入邑者樂出其塗皆山經地志之所未有時松源之官賦積逋者一萬有奇嘉謀請於魏太守趙公靡予其半益之故其成益速民亦樂輸而爭先嘉謀非智創之才凡十有二月而徙今治方析邑命下咸謂締創之事古人所難今儲材不素雖用民力擢

歷蓯而無成時有未數千章在深山窮谷既巨且良天久不雨一時暴流漲溢皆徹溪順流而下亦異矣而又田穀屢豐田里熙然豈謭才所能幾天實爲之也嘉泰元年十月既望記

築慶元城記

九江兵備　陳桓

春秋凡城必書志譏也郊城中邱城郭城楚邱之類是也然則楚令尹孫叔敖城沂非歟又曷爲與之以其不傷費不違時不專封敎乎板幹稱畚築程土物畧址基其餘糧度有司事三旬而成所以與之也慶雖小邑地

界閩浙之間爲盜賊出入之區其利害當東南之半平川陳先生甲辰蒞於茲乙巳春首剪劇魁再殲餘黨其慶一方得安先生曰賊平一時幸耳然匪城則衆罔與守非備則賊罔知懼盍城諸且主兵備之以爲久安之策乎邇聞議當道撥可以廢寺貿價售力爲之不逾年而成樓堞門鍵延袤相屬如鐵甕如金斗四隅矗然紛堞岌然煌煌哉百里之壯觀也夫用取諸廢寺則費勿傒力取諸售傭則時勿違謀協諸當道則封不專其在系叙數之選歟在春秋當大書以予焉者也先生今

內召秉政有日將見以禮治天下辨尊卑明貴賤別等威以杜絶凌僭設無形之險鞏宗社之基此又先生守城之大者今日之記豈徒哉嘉靖庚戌三月

重修儒學記

鄭師陳

國家法古圖治建學爲先以故天下郡國州縣莫不有學誠以學校爲陶鎔之地賢才之所由出也慶元隸浙東爲括蒼最爾之邑宋寧宗慶元三年始建學奉祀有月[illegible]有堂諸生齋舍會饌之所靡不具備正統丙辰秋邑侯鄭公昱判簿王公爾以聖賢塑像已久重加藻

繪廻廊繚垣增以粉飾由是其功克全先宋令富嘉謀創於縣西之瀆田上郵元季厄於兵燹尋知縣馮義復興舊址國初時裁慶邑爲鎮隸龍泉迨十四年復縣治知縣董大本卜於就日門之東地勢平曠廠位面陽廟宇煥然一新矣然歷歲愈久不能無傾圮之虞宣德丙午冬知縣羅士勉教諭宋觀進繼丞王公郁爰始規劃命匠起造戟門兩廡欞星暨坊門一皆鼎建越五年庚戌夏余來典兹邑教見文廟講堂諸生齋舍棟楹榱節俱已凋朽剝落隘而且陋非所以光禪猶而振文教

也於是謀諸大尹程公義和等議果合遂白繡衣三山張公重加修葺後還舊觀嗚呼功之巨成之必艱蓋之前古以至於今作者非一人述者非一手今日之所為乃繼前人所為其所以繼今日而為之者又有望於後人繩繩相繼庶不負前勤與祀之與興學育材之意也

旹正統三年三月

詠歸橋記

慶元僻處萬山之中一水環注界乎縣治之北學宮之南凡遊宦之車馬而民之擔擎行旅之擔荷越是溪者

惟筏竹代渡而已至於春夏漲浮奔流跳浪爭趨疾渡者有蹶踏傾覆之患黌宫師儒往來晨夕其慮尤切天順庚辰秋欽差中貴臣羅公當謁學宫覩其溪阻謂衆曰水有橋梁民不患涉亦王政之一端况學宫濶阻而勞師儒往來涉渡乎遂捐貲掄材鳩工伐石邑之民士歡趨樂助經始於是年八月落成於十二月長跨若干步横架四十一間高結簷牙以蔽風雨所用繒帛以千計倚勢吞波鯨飛虹卧凡車馬之行攜挈之便擔荷之安無有蹶踏傾覆之虞者皆公賜也師儒來遊來歌恍

若屬乎舞雩之詠因題其橋曰詠歸慶元知縣張宣等
來請曰昔汴州作東西水門而昌黎有記柳州作東亭
而宗元有文今撥節斯士橋梁既成頌公之德非文何
以傳後乎予塞其請而記之使百世之下因其文而推
其德莫不知公之所以利濟斯人者于百世而未艾也
天順四年冬十一月庚子

竹口公館記　　　　副使　夏　浚

慶元素號難治多寇亂非其土使然無亦所以示之義
以轄民者或未盡歟前此巡坑惟責之縣官兵憲副使

沖庵歐陽清乃采衆議使禔僚一人專領其事開署竹
谿以涖之蓋竹谿尤慶元要害爲龍景政松浦諸路之
衝於此設官建治控御聯屬固易惡遷善之幾積牙章
牿之道也嘉靖乙巳春寇大猖獗知縣陳濘首倡義兵
平之會浚奉命備兵浙東行部至禔濘以職事來見因
謂之曰平寇非難必也使無寇乎濘對曰固司牧者之
志也遂宣白前議浚乃謀之分守少參葵峰黃公光昇
請於代巡龐山高公懋檄同知文公章以往立保甲法
脩武備懸執物遂營竹谿以事上焉工既成爰祀之以

絲司敬之議

譙樓記　　熊懋官

臘月二十四日晡漏五下方徹火起自西隅逼近縣廨之右予披衣起索冠對火九頓并禱諸城隍之神祈默佑焉時西北風正熾揚燎衝舉不可撲滅時將延於譙樓樓側一民居急號入毀之緣其家構重屋而多藏勢難遽拆未畢數椽而火已及仰瞻譙樓煙光輒起業已不可救止又稽顙重申前祝俄頃間風伯息威燧人息焰隱隱悠悠若明若滅直有欲燬不燬之意予困而喜

曰茲可以力救也遂[illegible]招市人開廨後之門汲水蓮池中且潑且灑不半[illegible]火燼樓完僅燬右方之一角民間焚炬亦此時報止予始拜手而退自謂人力當不至此必神幽贊我也閱數日處脩祀以謝二廟之靈隨屬贖鍰備執事鳩工庀材葺而新之幾一月而功成規制視昔益偉予曰噫嘻茲豈偶然事哉蓋爲息焰於方熾而樓賴以全補綴於倖存而民得不困則神之福我與我之殫厥心者實兩無負也萬歷二十八年記

按察使　何　鐙

遷學記

今天子嗣統改元令天下有司務飭勵賢才樂鄉嚮之化所在推行詔書德意於時浙東分守道參議勞公行部過邑中謁見廟學傾遼且廢喟然興嘆檄行改圖故邑令彭君與顧君偕上議以為建國居民育材先務慶固巖邑厥有忠信往者章科釋稱代著聞人今茲希濶殊甚人文萃止宜於國中所宜遷建一也舊學須涉兩濶行往艱阻實生厭怠又宮墻茂草聽仰淒落非所以興起扁廢而使之樂學所宜遷建二也往晉橋多圮壞所費不貲今積餘併力移植舊官牟竟新葺又鄙基騰

舍址不他，留貧稍事裨補，旬時可以底績，所宜遷建三也。况卜地兆吉，人心是從，傾否亨屯，實惟其會，所宜遷建四也。愚誠以爲宜改建學宮於邑治東偏故總鋪地，不給益以義臧邑丞宅舍，又不給益以邑倉若蔬地，且庀財故宮度支，橋費當不益損，將廢而闤闠，召役咄嗟可辦，官師宣字四方，鄉風宜無不可爲者。書上，僉分守邵公始下車，輒可其議，期即施行之；而郡理杜公攝邑務，往來竅田，又時時推轂其事。於是朱君灌任邸，再上書願卒前議。是學也，南直巾峰，北負五雷，諸山泉流環迴遶迊

宫墻而北注大川帶遶於後龜石砥於中流龍潭滙於
西麓巍巍洋洋誠風雨之交陰陽之所會也由是而人
文蔚起鄉黨彬彬多文學士異時騰茂實以樹勳名將
與上國比隆實惟今日始基之矣隆慶三年記

槎溪橋記

兵部侍郎　鄭汝璧

慶括巖邑也地當閩浙之交而入都離城二十里水勢
洄漩蓋水口所關爲邑孔道也舊有橋興壞不一正德
間邑令何公鰲架木爲之至萬歷甲午歲水大發橋壞
無存春夏之交溪流迅駛墊溺者衆往來病焉鄧公顧

瞻與歎以此舉為不可緩乃捐俸首倡而鄉之士民咸樂助之疊石為墩者五每墩高二丈濶半之覆屋三十七楹礱甃精密結構堅固民有攸濟矣橋成走使徵予為記余曩遷官之甌道經松源見其山水明秀意必有異人出於其間及稽載籍在昔巾山獻瑞佳氣浮空若彩橋然以故狀元劉公知新尚書陳公嘉猷後先蹶起焯然至今有聲邇年以來因橋壞風氣不聚人文寥寥有由然矣是橋之成水口有鍵多士生於其鄉足稱後雅又得公振作之豈無紹述之思繼二公而興起者乎

俗有之則古云地靈人傑非虛語也公其大有造於慶

哉

張大夫記　　教諭　葉文懋

張大夫治慶甫踰年擢守貞安去慶人聚族而祀事之
屬記於文懋以懋知大夫深也懋聞古制凡有功於民
者則祀之志報也大夫之廉之明之惠難以枚舉而要
其至大者莫若爲慶鹽包引納課之一事蓋慶元僻處
萬山舟楫不通凡商鹽到慶多以鄉重價騰滋害民間
且鹽捺散鹽戶逼取盈價致鹽戶典賣以償大夫目擊

民艱親詣行臺陳弊願免官以除百姓害鹽臺可其請遂每歲撥慶元三百七十五小引准納課銀四十一兩八錢二分永免商人置賣聽民從附近官鹽採買就食此法一行上不虧賦下不害民中不累商慶民不啻出湯火而登袵席此其功在蒼生誠沒世而難忘者也若夫罷里甲革火耗蠲贖鍰節財用真若慈母之於赤子寒而絮餒而哺蹶而掎恩勤罔極以故民喜其來憂其去願伏闕借寇者以千百計臺司上其狀以格於新例不得請無何而真安之報至矣士民計不知所出去之

[illegible]邊陬靡不扶老攜幼遮泣卧轅下道爲之塞境[illegible]在在張筵驪歌三叠自僚屬以至厮輿無不流涕少老有贈金佐道里費者大夫卻不受僅舉一觴亦嗚咽不能勝與當年劉寵事千載如一轍吁亦難矣哉於是鳩工飭材肖像樹碑葺墻垣飾堂宇而又爲之置祀產以垂永久凡以報功報德於無盡匪直識去思而已也嗟嗟今之銅章墨綬稱長吏於一方者豈少哉在未必留去未必祀冀其留者見在之民心也崇其祀者去後之民心也見在之人心易得而去後之人心難要由

去後之人必以驗見在之人必而知其祀之也既勤則其留之也非强大夫操何術而得此哉他年慶之人或苦於刑罰或廹於徵求必且奉香泣愬於大夫之祠曰吾民也安得有如我公者而覆翼之即後之宰慶者亦將曰前事之不忘後世之師也安得不以公之撫循者而撫循之然則是祠也豈直歲時伏臘之祀哉殆將有望於後之紹美者[illegible]大夫名學書字善政亚宇其號也廣西平樂人

百丈山記

教諭　葉文懋

丫髻山在慶元縣西北三十里五代時馬氏二女修
於此丹成仙去邑人於其地立祠祀之壬寅晏子以禱
嗣往是日天朗氣淸嵐光杳靄林木蕭森令人生秋思
鳥道嶮巇逶迤不可方軌步行約十里忽霧起峯頂如
垂黑幕須臾而雨濛濛下矣咸謂此處不險則已險則
必雨雖晚日當空而片雲驀起風雨驟至以有龍樓故
也又五里緣蹬於上臨深履滑至百丈處時浙閩男女
進香者日以百計香烟如霧金身爲之黑爐不容則爇
於岩口道人引訪鏡臺臺在宮左由石磴百餘武即飛

昇岩見嵯峨白霧瀰漫連天一徑岩下有[illegible]狀如甕形有馬蹄剪刀履痕突起廿許專仙蹤[illegible]若外四山環抱中爲深塹突止百丈百丈特約[illegible]之耳時霧收斂見水如飛瀑爲龍湫巖下有十三井今止見其[illegible]遇旱則禱棲焉氣候常如深秋不知有暑踰[illegible]閣有捨身岩一石如砥方廣丈許厚不盈二尺突兀[illegible]嶄然俯矙益深峭可畏登之者凭霄御[illegible]一亭可容徙倚其遠眺更當何如舊[illegible]云山以仙名水以龍靈百丈兼有之矣歸來輿中暑氣侵入覰非入山適若冬夏之隔[illegible]

陰晴不同亦地使然也日晡抵署漫爲之記

鼎遷儒學記

胡若宏

新建學宫於就日門外城隍廟左崇正四年十一月伊始也粤考慶志學始於宋慶元三年在縣兆濆田上村迨洪武十四年遷縣東就日門外與今建地相去半里許天順間仍遷濆田後嘉靖初築邑城學隔城外二澗相阻有詠歸橋屢爲水決隆慶三年乃請移城内舊址麗水何公諱鏜記文甚悉迄今天子嗣統二年乙巳仲春予來署學不惟衙舍蕪爲茂草即聖宫明堂啟聖僅

存柱立余目擊心悲誰非名教中人奚忍令其荒涼至此乎越明年庚午秋閩晉江陳公諱國璧新蒞茲土甫下車不勝嗟嘆不旬日即圖修葺因覩學址地勢卑下譙樓高壓居宅逼人兼以古墓叢林障蔽朝秀所以人文寥落青衿數不盈百扶輿之不靈可知矣遂遍擇佳址惟有城隍廟左四山層聳左右文峰插漢真泮宮佳地也與其因舊補葺而爲聊且之計何如更新遷建而垂永賴之圖乎於是請於當道分守姚公諱允濟分巡王公諱庭梅憲撫陸公諱宗舉批督學政[illegible]公諱鴻儀

咸報曰可陳公遂捐俸經始幸闔邑士民協心竭力聚
毛成裘不蹈道旁之築且任事一十六人吳廷殷周世
紹鮑德祥藥觀生吳汪吳道光吳道文吳郭允姚國彩
姚從讀藥啟昌藥春色藥任生吳逢烈藥春鄒陳光大
等鳩材督工勤勞公務至壬申暮春告成
聖宮視舊殿高五尺餘周圍濶三尺餘明堂之視舊制
其增益亦如之祀啟聖公於宮後列鄉賢名宦於儀門
兩旁齋舍兩廡俱已成制樹櫺星三門設門屏於門外
左坊題騰蛟右坊題起鳳蓋釁序應有者俱依制創建

是役也以庚午仲秋建議辛未孟冬經營壬申孟夏告
竣時庠生欣欣相與樂成徵記於余余思國家建學造
士得才爲盛今皇上察倫敦化詔廼膠庠不啻諄懇顕
者國步多艱所推轂折衝禦侮出將入相者誰非庠序
中人昔孟子論士曰尚志論尚志曰仁義又曰士窮不
失義達不離道士之所以爲士孰有踰於此者故建豎
廟貌使先聖賢之威儀不替者父母也建豎仁義使先
聖賢之名教不墜者諸生責也爾輩誠求所以無愧乎
其志而於窮達也無負穫無忝譏則措之天下國家益

精明卓偉蔚然足以名世庶不失建學造士之盛心也

夫昔崇正壬申秋

重修城記

知縣 楊芝瑞

邑之有城以設險也慶僻處山險與翼又城之且慶爲括末邑括十屬不皆城而慶又爲獨城之以固險也余以庚辰歲杪來令茲邑詢三老得城之詳始築於嘉靖之二十五年備山寇也再修於嘉靖之四十一年復備山寇也嗚呼歲未一紀而大變兩作地其危哉至萬歷十六年水災詹公乘龍增築之及余受事時閱五十

餘年矣其傾圮而豕牢内外可比手相引也設險之謂何余心深危之以曾高議小民且嘖嘖曰吾邑僻且瘠何土木之煩爲余力排衆口又獲幕㕔鄭君決謀焉捐貲爲倡以答聖天子重守令煌煌四事之詔意是歲春乎文以創復石壁蒿鷁棘蘭竈田烏石馬蹄六隘彼時舉工匠役不給遂延時及冬城僅竣事而饋者以壽寧山寇千餘報乎寢食於城者歷朔望且身冒矢石斬馘百級幸瓦全無恙茲役也固社稷之靈然非城可恃乎慶爲龍泉前車矣於是慶之士民始慨然趨事合邑人

而輸之約得四百五十金提閤復於當事給帑銀三十金而竟城之工匠合計一萬七千十八工用大磚九萬六千有奇又倍於磚十之一至如炭鐵木竹類悪百七十餘金其增於舊城者樓五座女墻則以三尺益之東南則以二敵樓壯之四隅則以十二窩鋪周之日月則以辛巳夏月至壬午之冬碁終之大約費以千金爲槪邑人之捐輸與取於庫者僅及其半耳自是雉堞一新稍有成備予之拮据雖未致告勞姑誌之以問後之君子同志者乘其未虧加葺焉不至如予之勤倍功半拙

於告成庶有當於先王設險之義云爾　崇正十六年記

六險記

楊芝瑞

余不才庚辰蒞慶時雨雪邀林越兩學博登城北望京樓因詢利病兩學博以壽寧、山寇為慮東鄰壽寧惟石壁最峻舊有隘壘存一基今廢矣余心識其言越辛巳元旦甫兩日遂躬履其地得故址焉昂崇若天壍可萬人敵也搆數椽為守者地不月而功告落復有憂者曰壽之至慶有兩徑石壁為孔道吉鶴其南也備一未周如窺伺何余復為之計爰議輸於邑人僅給其半余給其

告竣於十一月畢事其時異議者皆謂予勞民以[illegible]其[illegible]
聚千奉至邑人相顧驚懼爭趨入城爲堅壁請余笑曰
兩隘之設政爲今日耳毋譁言其視予馬首所向後命
者有三尺在遂長驅至隘賊亦蟻聚隘下而我已據險
矣相持兩晝夜賊洶洶彌引而上斬其六級馘兩奸細
賊怯遂他徑去龍泉肆行焚刼括屬爲震驚邑之人乃
懽呼於道以余築隘爲得計遂紛紛以隘請焉越壬午
春余徧歷四境西與松溪比者棘薗也命藥承登董之
南接政和者龜田也命生員吳文聘糧長夏應國董之

城以西有烏石隘貲皆出於余城以南生員吳世臣吳貞明吳康民吳運啓輩所創建者名馬蹄也今則外六隘內百雉雀鬼相顧邑之人心可恃以不恐余亦庶幾守土無忝云

重建棘蘭隘記

吏科都給事中王益朋

[illegible]治辛卯余受知於龍泉徐使君湏刻賢書明年冬仲[illegible]劍爾丈從讀書[illegible]之觀鄰邑山水之槃於[illegible]百丈之奇見其[illegible]其石嶙峋三百壁[illegible]行孔道然界連閩壤山賊時發[illegible]

隆興縣令陳設險於八都之竦蘭甚以控[illegible]險[illegible]
咽喉也嗣後歲久就圯崇正辛巳楊邑宰因其遺址曾
復創焉冬杪劇賊張其德等[illegible]見其險阻有備
倒戈而去至鼎革時[illegible]流横當
其時往者來者莫不[illegible]猶爲
畏途勢不得不借逕於此徑[illegible]不露
宿風飧不勝其勞所謂不備不[illegible][illegible]子
且月括蒼周公諱奉命督備安[illegible]乃賊
然曰斯險也誠天造地設之[illegible]鄭公虎

牢蜀之劍閣齊之臨平劉宋之[illegible]山也蓋善用險者當使險在我不善用險者[illegible]在人若舜君之爵而無以利於其地食君之[illegible]以益於其民是其員也余既濫刺茲郡常歎十[illegible]一家而慶元今日之事莫有急於此者其亟營之旦茂已毋下徵於民務蠲諸已由是刻日鳩工庀材始其事於本年七夕甃石爲門門上架樓樓基壘石高三丈許東西濶六丈南北半之凡八楹公又謂有門不可無守者地復創羣房三十礎置弓兵十有八名晝則伺偵夜則擊柝有警則益以精卒其

規模經畧視昔更精且詳迄今已二百歲矣不慴風濤嚙
不敢窺足使居者思止其家行者樂出其塗賓旅通而
冠蓋不絕則有識者又未嘗不頌其功之如此其美且
大也時余告歸讀禮適有事於括蒼慶士民謀記於余
余不文姑述其始末云爾侯名茂源號宿來南直華亭
人順治己丑進士來守處州治尚廉平而養老造士尤
諄諄云若督工者例得書著於碑之陰

復建詠歸橋序

楊芝瑞

寓內多故守土者力竭催科即重務猶莫爲之應若夫

褰裳之患惟問諸水濱而已曠覽山川追維往蹟則如詠歸橋是也予蒞慶兩載諸凡建險修城借民財煩民力以仰副功令免于罪戾者雖斯久經營于勞也乎哉民勞也方幸黽勉告竣差得吾民優游其道而闔邑復有登橋之舉先是橋之興廢不一初創於元大德再造於明天順歷三造於嘉靖四造於萬歷已屢造屢圮人皆曰波臣為祟予曰非也人謀未臧乃欲委咎波臣枉矣自今伊始於萬斯年維持鞏固庶行人不賦匏葉而賦周行則今所謂經營斯久者民樂也乎哉予樂也苟利

於民何惜勞瘁凡我好義同心者請勿作橋觀是即君子敎貽孫子之願也求錄觀成敬計日以竢

補天關記

兵道　呂　陽

昔上帝旣創渾沌氏以其支節爲山嶽腸胃爲江河山曰積氣水曰積形高者爲生下者爲死邱陵爲牡溪谷爲牝凡山川蜿蜒者旺氣也奔竄不廻者衰氣也故廻邑孕旺氣者泰乘衰氣者否慶元爲浙東僻邑天爲山獸石不抱水離城敵武而北是爲龍潭兩水迅瀉有若孤騎於波中狀似巨鰲挾有[illegible]堂楊年伯瑯嬛趙

從之集邑之老者壯者賢而達者僉謀之曰余少讀漢
唐史至其載堪輿諸書衆青囊術百世所奇畫圖諸於
是猜偉發奠舊士民先豫鳩工庀材殫心畢力自尊牒
以來爲斯石開其生面者則自年伯始自孟夏迄季秋
而工落成其閣鼎峙周以廊環以欄危簷峻極承陰廣
甕中懸太極外列八卦曲梯盤紆玲瓏透登臨嘯詠
天宇空濶煙霧蒼茫仙機中峙諸山近在指顧間俯瞰
溪流水光微茫諸鱗出沒若鶩鶴潛波遠聽雲樹掩映
森蔚鬱鬱鑱壁盈耳目光怪射偉哉觀也士德既樂說乎茲

峙風氣聚於斯地脈厚於斯將使人文寖盛隱嚐天鍼西北女媧煉石以補之茲邑虧西北楊年伯創搆傑閣巽坤維以挽天工豈曰小補云乎哉年伯曰諾是則僕榜閣意也遂書之石

楊公橋記

台州進士　陳函煇

邑治之北距城百武而近舊有橋焉其再創於天順間者嘉靖末爲河伯所讚迨萬歷初年復拓之尋就廢圮垂六十年於茲無有繼者姑孰楊公蒞任之朞月士民叩階力請復之公起謝曰請之誠善也但政有緩急治

有標本方今寇警驟動桑土之謀未備衣袽之計尚疎未遑此也姑俟之惟是專志殫力繕城池創關隘練鄉勇靖寇之餘仍築隄墾田修倉葺獄胥且經營次第畢舉慶之士民復叩階請曰荷公締造百廢具興橋屬東北孔道不可緩也且適當捍門尤爲一邑風水所關更不可緩也願君侯圖之公輾然喜曰諾夫橋梁王政之所有事也徒杠缺而國僑致譏川梁驟而單公以刺余承乏茲土不亟思夫捍災備害一切利賴生民之道能無內愧于心乎於是僉謀塔院上其事於道臺計工授

事毅然引之爲已任更搜槖中俸金伍拾兩以爲之倡而邑之揮鏹樂助者翕然也經始於癸未歲孟夏以是年秋仲告成中竪一巍閣東北分建兩橋架屋計十九間其長計二十四丈廣計二丈一尺棟宇莊嚴丹彩宏麗勢若長虹横掛於絶壁危灘之間蓋自是而輿馬可通商旅可行褰裳蹴蹋之患息矣而諸山拱揖百派滙聚與橋相望不絶甚盛舉也慶之士民懽呼載道咸謂斯橋也其湮滅於洪波荊棘中者已數十年而公乃拔蓁莽精區晝觀海石一旦而鼎新之其規模視昔尤巨

麗焉非其勇於仁急於義殫乃慮疲乃形其能成此大
工耶是以感之也深慕之也切相與識公之功德於不
朽遂顔之曰楊公橋俾後之人顧名思義不且千萬年
猶如見公乎

楊大夫記　倪元璐

古之循吏其肖像祟祀載在簡編中者不數數得也如
羊叔子俎豆襄陽范文正公繪像二州張文定之平定
西蜀毖忠慤之享祀荆南此則光史冊而嘖嘖於人口
者也今於楊公復見之公出姑孰鼎族爲先司馬懋翁

賢胄孝廉[illegible]言公則其令嗣也家學夙著代有顯人率
西[illegible]教[illegible]庚辰冬拜慶元令歷癸未秩擢武定郡伯公
之[illegible]政洽於慶民而慶民愛慕之也深不忘賢者之將
去我也乃協謀建祠於西北郭尸之祝之廟貌之以昭
盛德以識不忘祠成請記於予予考祭法有曰法施於
民則祀以勞定國則祀能捍大災禦大患[illegible]凡此數
者公奄有焉公初下車行城履塹[illegible]於是延紳
士夫僉議遂鳩工庀材撤朽剜蝕[illegible]甓以[illegible]
鞏固冒霜露暑雨戴星出入罔勤[illegible]年歲而工竣

公又曰慶之四周悉與閩接不亟設險猶開門而揖盜也即審要害創六隘以扼咽喉汎各依絕壁或深溜危澗所費不貲公捐俸以佐之聞所謂以勞定國者非歟辛巳冬杪閩寇披猖攻掠政和[illegible]薄[illegible]公率諸[illegible]擒殺之乃熄夫慶自嘉隆以來目不識兵者[illegible]二[illegible]餘年一旦變生呼吸乃卒談笑成功雖公籌略[illegible]兵[illegible]疆講武訓練鄉勇其備之者素也則所謂揖大[illegible]人患者非歟此固其鉅者也至於課文藝以造士[illegible]除盜[illegible]以甦民[illegible]以[illegible]天[illegible]以[illegible]

綢以緩催科蠲火耗以節民財平稅畝訂均差役皆其
班班較著者所謂法施於民者又非歟大抵公之爲人
披瀝露膽精勤敏練潔己愛民孜孜爲百姓根本計慮
而是非毁譽皆有所不顧故治慶僅三匝歲舉百十年
來廢墜之政旦暮而振刷之民咸頌曰國家三百年於
兹我慶止覩此神君也余備員史部有年閲人多矣其
果真心實政視國事如家事者如公有幾則斯祠之建
慶之士若民信乎有不容已者進之古昔不特與羊范
諸君子遥相輝映即公儀子産汲鄭諸大夫直可頡頏

也巳公諱芝之瑞肯堂其別號云初授慶元知縣陞武定知州崇正癸未記

重修文昌閣記

里人 吳貞臣

康熙癸卯秋月辛酉有星光芒而白占者曰是宿爲龍斧白爲除舊布新於占在天關位爲司祿據茲星祥厥應當在濟水以兆文昌之宫蠡絶欲更有亭登椽乎是閣倡自別駕吳公建於明神宗間歷年既久棟宇隳剝非所以揭虔妥靈迓神庥而徼景福也爰聚鄉之同志者闔議出資由寖向豐於是鳩餘錐鑿者舉而具其閣

自甍至礎工止始創三之一焉閣前嬾芸灘今養池水影涵天架石池中通閣如虹新亭三十二楹中設大閈右爲大士居左爲戀公軒是役也癸卯冬蕆與具甲辰春之花朝竣事堪輿者曰閣乘子龍回乎午馬山脈之氣融聚故產多秀惠蔚爲名士燈火連雉宛然鄒魯之鄉苟非是閣鎖鑰文昌靈祐何以逮乎此哉事有奇蹟有興不克記述者士之恥也爰僭筆誌其日月用告來者

城隍廟記

松陽進士　王汝棐

粵黄帝始城以居城隍之神自秦昉也後世遂有封號
凡興王之地封以王郡州邑封以公侯子男以故遍得
祀而徧天下者唯社稷與城隍爲然社祭土以句龍配
稷祭穀以棄配其位皆不屋而壇非如城隍廟貌輝煌
巍然當座句龍棄以功城隍亦以功其所以異者何也
蓋陽明之屬有與耳目相遭陰暗之屬恒與耳目相遁
於是世有多詐之人欲暢爲惡既畏有常刑欲勉爲善
又苦其非好也幸有所謂陰地焉暗地焉頗以覊其惡
於不見不聞斯亦其無所不至時矣豈知陰爲曾或且

陰矚之牆爲奸或且牆譴之是王度王綱所不到之處實藉城隍靈爽在焉城隍不怒而威不言而化使世人良者爰惡者少所以治世者毋藏刑法而獲誠和樂子厚所云陰翼王度牆助王綱是也慶之城隍先年邑侯董公大本建在東門外三百武古厲壇之右前面高山後枕長河即今二賢祠東頖宮之西也廟貌有飭幾二百餘載棟宇頹墮風雨驕怒鳥鼠竄處神久呻惘辛丑高侯甫下車瞻謁時輙喟然歎曰非神何以福斯民非廟何以妥神靈越二年癸卯春乃鳩材伐石給其餼爨

量其工役其址縱四十丈橫半之周遭牆一百堵正廟
築臺高三尺許縱四丈三尺橫五丈二尺楹三十四高
三丈二尺一寸後庭一棟規制如之儀門楹十二大門
六楹左右百篠翼之兩廊各五間合三十六楹每間可
十笏廟中大龕坐神金相左右列吏判案牘筆硯印匣
斗大儼與縣治同制峻起軒翔覺其楹會其正大殊舊
構舉不涉歲厥功落成侯且慮永事又出橐俸買田三
雙招心生慈隱一僧食其租入旦暮燃守燈香神道設
教侯之意眞深且遠也邑父老齋儻遥杖口誦述其事

乞余言以渤侯功夫侯之美政不可枚舉今此一端豈足以光榮於侯而獨欲余記之哉雖然春秋之文或特書或大書或不一書而繁省別焉侯既新其廟以妥神靈陰翼王度暗助王綱傳與句龍棄並祀不祧奕世無窮即此一端亦足以記侯之功矣侯籍中寶雞人姓高諱嶙號陟雲以經行名嘗稱爲古誼循良君子也問董是役者誰曰邑弟子員七人余曰是必鐫石之錚錚者也

修造縣治衙舍記

知縣 程維伊

古設官分職以治事內置省部寺監外列百司庶府其公廨私衙廣狹大小各有其制

上甲辰春三月余叅蒞菁來宰崧源下車之日居於城南庠隘民舍諸朝邑紳衿父老進謁於縣治暫目頹圯過半復咨衙舍父老告曰先是丁亥廢於兵燹今寔蕪荒址而已余仰而嘆俯而思縣令遠者三歲一更近者一二歲再更凡事雖有宜作者少遲日月當即去何必敢作頗余嘗讀古傳記白樂天自幼迨老若白屋若朱門凡所止雖一日二日輒覆土為臺聚石為山環水為

滟其暫猶如此況今承之是之所由來者久非一日二日
已也且也爲民父母而與聚訟者衰發慈甚豈變雜而
非體故知事之宜作雖十三空匹盡不亦廢迩辦衿閒
而是之於是命日者度材給其餼糧量其徒庸鐵鍤操
斧者式歌登登不鄂而磨至三矣曰大堂曰兩廊曰麗譙
危梁頹壁如礟岑卒盡撤其舊葺而新之曰後堂曰川
廊曰賓館曰土地祠甍榱棼橑皆巋然新構而加於舊
制凡五十四楹其衙之基址因乎舊而制則視昔有差
曰堂曰室曰高樓曰小亭曰廊曰門曰左右廂曰內外

書房曰㸑廚曰溷厠曰阜擗棊布櫱瑣紛之椽之煥然
敗觀凡百六十八楹繚以周垣甃以堅墉木斲而不丹
墻垸而不白工善吏勤晨昏展力越明年乙巳四月落
成是日也登樓鼓琴遥望犁天揷漢卿雲萬丈兆之錦
峯也俯首吸川爪欲攫雲雨之龍山也紅雲罩樹曼倩
目迷東之仙桃也雲錦簇空仙子七襄南之霞帔也琴
聲既歇穆然與思或兆民永安思所以安之民之所欲
思所以聚之民之所惡思所以去之且思學漢古之循
吏鑄頑成仁若僅備員自遜徒用土木之多亦何所取

焉余之心力如斯而已若夫先天下之憂而憂後天下之樂而樂以俟之樂只君子則余豈敢又閱數月政閒無事於是乎書

重建竹溪公館記

縉雲進士 鄭惟颺

慶城以北四十五里古鄉曰竹溪即今之竹口爲越閩之岐摩肩一巨鎮也廬舍鱗如鱗聚二千土既磽瘠民亦凋瘵明初延坑惟責之縣令壽兵憲副使歐陽公清乃采衆議使觀僚一人專領其事開署竹溪以蒞之蓋竹溪尤慶要害爲龍泉政松溪諸路之衝於此控御聯

屬固犢牙童牿之道也嘉靖乙巳春寇大猖獗邑侯陳公準帥義勇平之會以職事罷見兵備憂公浚遂白前議乃謀之分守少叅黃公光昇請於代巡高公懋檄同知文叅董以徃立保甲法修武備懸軌物遂營竹溪公館以寧上焉迨

清順治丙申冬綠林竊發狼掠竹溪公館民舍盡燬於火男女剩命鹿奔露處莽蒨中七閱星霜宵泣鬼駭非得神君出宰烏能斲害牽利爲羣黎福歲運甲辰楚黃程侯諡慶識在昔之上才挾風先悉心撫字德化淳深

也兩袖清風蕭然止飲鷄水一勺以是八年之間萑苻息行伍安寢者起頑者廉逋者蹈私鬭者結舌走險者自剗其蹝邑之人士歌且舞焉膏之所沃雖荒谷幽陬無不淪洽侯每適竹溪聯其宇址孱礫太息欲涕加意招攜哀鴻復集結搆話屋髣髴依宇庚戌冬侯獨捐鶴俸重建公館上不攝公帑下不徵私鈔於執畚者繩繩捺斧者詵詵羣士輸木蟻列而趨自冬徂秋梓者函鑿築者闐鏵館門之外左建三楹祀關聖帝以示神武不殺用靖寇氛右建三楹中祀文昌司命爲此鄉之人出

多秉邦人少横經書聲弗稱然火不建故祀之以鼓舞子衿辨志釋菜左祀宋給事中王公應麟此邦之先賢亦可不廟食也故祀之景行仰止以光川嶽先是西距竹溪二里許名後坑爲行旅要道邑乘載有輿梁自唐宋來不啻十圮戊申春復爲怒濤掠去渡者多悲濡首侯益痛惻遂聯邀思棄其故址經營於下流兩岸礱碇處砌石爲墩[illegible]捐俸橐付鄉之[illegible]者任其事鳩工選材用管子灝不[illegible]以竣於是萬口同聲咸名[illegible]公[illegible]曾渡用誌不[illegible]橋之[illegible]創八角茶亭以[illegible]

司餘[illegible]四運不絶余近屬鄰封外耳僕三異[illegible]善之[illegible]今秋九月謝役告厥工成竹溪三四老人違跋乞余言記之雖鄙陋不文敢不拜揚良司牧之德意遂走筆應其請云

重修順濟行祠記

邑人 季 炟

順濟行祠夫人閩古田陳氏女也行千四生於李唐之大歷精巫咸術活人最多沒更靈異[illegible]之臨水至宋封為順懿夫人不獨八閩崇祀即吾鄉之窮鄉僻塢莫不尸而祝之而余城西之行祠[illegible]為壇廟祀自辟邑

來凡亢旱或作雨暘或愆于時若蝗蝻無不於夫人乎是求求而未嘗不應故閭邑之安寧爭祀之而祀事之盛更超乎羣廟夫人之功在社稷澤庇一邑不綦大哉其祠創自何年余生也晚不得而識詢之故老亦鮮有能言者僅傳以爲前重修於萬曆之二十七年則其祠之古可知而報夫人之恭德應有與日月而俱長者郎起秋梁公於今日亦知在所必存之祠非獨也鼎革以來附城祠廟半爲戎馬蹂躪夫人行祠亦間有兵丁設窩一[illegible]憑柱上如綑縛然求之而後甦以故兵人遜避

[illegible]

歷年久棟宇摧頹風雨交侵過者雖抱修葺之念每慮其工繁費鉅喟然太息去歲道光辛丑春家君命余與兄煒煐總其事余退而擬[illegible][illegible]謀諸同志亦慨然共任其役以年月不利遲至歲[illegible][illegible]巳秋乃得鳩工庀材以蕆其事凡祠之內外兩楹名依前制止易舊榱其傍入亭則改造也東廊有礎而無楹西廊有楹而無壁余與諸首事竭蹶協力朝夕省試易舊圖新爲之丹雘並飾神像以煥人耳目人無不悅矣神有不來格而不享乎其工始

於康熙之乙巳七月四日竣於丙午之七月四日以如此之工繁費浩期年而告成豈曰人之力哉實神之靈然余與二三子其何功之有哉以報夫人之德於不朽耳夫人之福庇一邑而惠及後嗣不益茂哉若夫搬運之工均出社下余不必書捐鏹樂助貲繁有徒書之梁上余不勝書而總其綱者吳子美中與兄煥及余任其事者周子宣明吳子履亨凡收支之數皆屬於予固得知其工之繁而費之浩故不憚詳記之[illegible]自然之數後有作者能心余之心與[illegible]

與諸同事之幸也夫爰作歌以祀之其辭曰桃溪瀲灩毓瓊胎璽誥香名在丹臺拖魄凝神軼塵埃芸局石室長仙才鐵函金字啟蓬萊火龍水虎一齊推西承王母白雲杯瑤姬姹女共徘徊駕鶴驂鸞翩九垓左召元冥右黔雷靈蛻乘煙更異哉丹詔遠從日邊裁歲逢女魃忽爲災香雨飛飛散九陔蘭桂馥芬傍雲栽禋祀何必數高禖降魔驅疫法恢恢膏傳續骨起枯萎廟貌重新西溪隈朽材伐石倚城開老稚歡呼動地來暮月落成何崔嵬肅然瞻拜景昭回爲祝敎婦敎嬰孩長作王家

廟廊材

建角門橋記　　程維伊

自古分建郡邑莫不上應列星下隨地紀以爲形勝故泰岱峙於東而青齊顯衡霍列於南而荊揚著華恒分立於西北而雍冀名此其最鉅者也至若津梁之設又所以補天地之氣機聚山川之秀氣而大有助於文運寧僅係一方之利涉而已哉慶邑僻處萬山去省會千有餘里其民力田務本不事末作其士敦詩書習禮讓彬彬乎絃誦之風足與上國名邦媲美而三歲賓興升

諸司馬者寥寥無幾識者未嘗不扼腕而嘆慶士之難
遇也余治慶之六年歲在己酉偶值簿書之暇與邑人
士登高遠眺四顧徘徊兆望憮然曰士之阨於制舉非
無故也松源之水自東振迅而來至角門嶺而一曲邑
之文瀾於斯萃焉向之有其才而難遇者以茲水之洩
而不聚故若此若架木爲梁以接兩山之脉絡鎻一水
之瀠洄文運殆一助乎邑人士咸躍然喜曰善余乃捐
數歲之俸以爲邑人倡諸紳衿父老不謀同辭各効厥
力於是伐石庀材建橋於其上其工始於本年之二月

至明年十月而工落成望之如長虹亘兩山之間者橋之形也重簷飛棟鱗次而縱横者長廊邃閣架於橋之上也巍然雙峙翬翥於橋之左右者麗譙之樓也修垣曲屏有亭翼然於石壁之畔者儲英莊也長川瀠瀠波折而内擁者溪之水流而復返也列嶂層巖鬱鬱蒸蒸互爲掩映者兩山之氣相生相續也而慶邑之山川庶幾從此其效靈乎雖然自有天地即有此山川自有此山川即應有此橋向不知建而建於余蓋亦有數存焉余又幸遇合之奇也因樂觀厥成與二三僚友登斯橋

一而聽眺豈曰侈創建之[illegible]是亦育賢養[illegible]
之應應則思不竭吾民之[illegible]
心如水而不使可淆焉觀其興霞蔚變會魚上[illegible]
與諸士切磨砥礪而期文教之成焉念夫覆橋而往來
息足於溪雲沙月則君[illegible]吾民之[illegible]非𥪡可封焉迴
眺乎雉堞言言左山右[illegible]之奇上足國而
下裕民者無不周詳[illegible]誠之勞無背
溺之患又甚焉著者耳[illegible]八十三天忘余一[illegible]之功欲倣
蘇公橋之意榜其橋曰程公余辭之不得遂以是名

是爲記。皆康熙十一年臘月之吉。

續成慶元學舍記

教諭　胡玠

慶巖邑也，自兵燹後，百廢具興，建置各遵舊制，獨學舍闕如。向之敷教斯土者，皆僦民房焉，與編氓雜處。其始至，則多憩于僧寮道院，於驛館堂皇，座徙擁處，各鳥止鶴棲，率無定所，良足悲也。歲癸酉，予奉簡書秉鐸慶地，始託足於萬壽庵，繼借寓於余氏書室，遼隔城郭，寒暑皆不得其宜。諸生謁予而言曰：昔者居夫子得李邑侯之助，鳩工庀材，構造公署，經始未終，廢替

以去[illegible]

於儀[illegible]居乎予曰學會[illegible]

又不可以[illegible]方雖修也而[illegible]於作[illegible]君或

有其志而力不逮或有其力而[illegible]堅歎公之建我官

居如傳舍其來[illegible]矣[illegible]以樂其成諸生

又進曰天下事[illegible]我夫子果慷慨爲

懷實心任一事而[illegible]者於[illegible]賢[illegible]護之從星間拮据

三十金倡首事爲之倡[illegible]多十之又好義者咸鼓舞從事

矣爰募各輸其志木石各並其匠役各優其資[illegible]

諸生輩其寧宇[illegible]之曷韋萊[illegible]道峻
墻垣完門壁開講堂講書[illegible]為鑄蓬後為翻軒凡廚
湢完繕不具修呈[illegible]築屋蒔花齋而儉樸而
雅向之飄搖風雨者皆可以擬皐比坐春風矣是役也
寺更不欲以安居自陸[illegible]大堂並加修葺使植
榮授經胡瑗勸業皆足以坐橋門而至止始繼美胥君
創建初心而後勸之貞珉俾二三首事咸垂姓氏於不
朽第以頻年索米日在風塵憔悴中今又將奉檄入
都會此而去[illegible]行矣後之君子升斯堂入斯室者[illegible]

營創置之不易時從而補葺之不致復有飄揺風雨之
感則予心慰而并屠君之心亦慰且以卜慶學之聲施
於奕禩也康熙三十有六年重九望後

重建明倫堂記

知縣　徐義麟

慶學之有明倫堂在文廟左偏其額爲建陽朱晦翁書
蓋慶邇遠處而近閩與建陽接壤或晦翁當日曾來此
書額故慶之士紳家多朱子親書不特此額也嘗久弗
葺傾圮且將盡予惟政治之要學校爲風化之先士子
爲四民之望肇修人紀爲廣化之原釋此弗圖難紛飭

治具皆虛美爾余自束髮爲諸生即以忠孝自矢及甲
午登賢書躬逢
聖天子臨雍欽聽大司成講聖經一章知正心誠意修齊
治平之畧要不外自明其德以作新斯民明德者何明
此君臣父子夫婦長幼朋友之倫而已士不明倫不可
爲人上不明倫以作新其民則無以致小民之親雍正
五年丁未四月余奉
特簡作令茲土惟以人心風俗爲念首謁
聖廟與諸生相見至講堂則堂傾圯無可設席惟晦翁書

額巋然尚存於敗屋腐棟間余愁然不樂者久之迨次十一月而司鐸孫君至余與談及明倫堂有同志焉遂各捐俸創始立簿廣募又請於學憲王公得罰金三十兩合士紳所輸於五年冬十二月起工迄雍正六年冬十一月而堂告成復懸聯翁舊額於上從此講席可設諸生得肄業堂中余之夷責藉是可少慰乎噫堂之壞非一日矣更數令矣前之令不修諉之學曰非我事也前之學不言諉之令曰非我力也彼此相推以至壞不可支若早修之則用力少而成功易矣天下事敗於自

異而成於寅恭可勝嘆哉

對峯書院記

知縣　鄧儒

松源為龍泉舊壤自宋南渡後始割置今治山水靈秀代有文章道德勳名之事顯於時近年來激昂青雲者頗少說者皆爲山水咎乎獨以爲不然人材在乎培植今邑中並無一椽肄業地欲文弱子立風露中亭學充腹以精其業也甚難乎蒞任之明年有興建書院之意因大集邑士民合謀之咸踴躍喜曰邑父母爲邑人設教澤疇敢自鄙負明德又請曰勝國初邑富民曾捨田

一頃八十畝入䃈天寧寺今寺燬僧散田無主曷請歸
爲諸生膏火資予念衆志堅定事克濟爰卜基於　文
廟之左建屋八座共計八十六間前大門三間儀門三
間中講堂五間後文昌樓三間上祀　帝君像下作堂
院住宅左右各廂房二十四間分爲諸生肄業號舍極
偏五間則爲爨室周圍垣墻高一丈共八百四十步有
奇中門正對薰山因顏曰對峯書院又以公牘上郡太
守鄭東里先生請撥天寧廢寺原田歸乃正需告竣而
先太孺人訃音以十月十七日猝至倉皇解組毋忿事

類九似一簣倘不克終前功盡廢且大負士民望偶一
念及輒涕潸潸下而不能止越兩月長洲蔣沛著先生
來署篆至郡毅然任曰此我事也立責諸工刻期告成
會鄭公判牘亦下允將原田盡歸書院爲膏火資且立
需冊案以垂久遠予又以所買江棻氏姚官第民田一
百六十五把附入而學舍膏火胥備矣予間乘交代之
暇登文昌樓見龍山弄爪拏雲勢欲淩空飛去而石龜
拱立巖若浮水而獻書者然他如霞帔仙桃錦屏諸峯
紫氣紅光盡著文明景象乃恍然神悟曰松源山水靈

蘊百年未洩者其在斯歟其在斯歟然斯舉也予雖首其事非得郡憲曲成之仁署公善後之力邑士民勸助之功斷不能完美至此亦由松源氣運將興故得羣賢交贊事克有濟也因紀其事於此以傳永久焉乾隆癸亥元宵日

魁星樓記

訓導　胡會肇

韓昌黎云中州清淑之氣蜿蟺扶輿磅礴而鬱積必有魁奇忠信材德之民出其間慶邑萬山環崎如屏開如壁立如幢豎如蓋張岩嶙纚連巘巇屹嵲水自東南奔

洊迺北滮滮澌澌淩坻瀰鋈箭馳而風疾神氣所感人
文興焉宋大觀初先哲劉公爲殿試第一人他如步寀
吳公大宗伯陳公司徒胡公等各以文章經濟彪炳宇
宙豈非地靈而人傑歟自宋迄明後先接武不可勝紀
入
本朝來
天子闢門求賢而擢巍科居官於朝者落落不過數人豈地
運有盛衰耶抑別有說也夫日月星辰天之文也山林
川谷邱陵地之文也沉浸濃郁含英咀華人之文也有

地之文人之文而不得天之文以助之則其光不顯史記天官書云文昌魁下六星兩兩相比名曰三能即三台也是主文明實能振幽出滯遠邑大都爰建立祠閣肖像以祀之得靈應焉意者慶之人士始未嘗不祗肅崇奉後稍陵夷至於懈怠歟學署舊有樹人堂坍廢已久乾隆癸卯司鐸王公炳程公玉麟創造堂樓爲諸生課藝之所然規模粗具而樓板窗檻墻壁俱未整治迄今十有餘載上雨旁風日就傾圮余與同寅齋山兄及諸同志定議捐修鳩工庀材不數月而蔵厥事登斯樓

也但見羣山聳翠羅列環拱溪水縈繞於後有坎竅鏜鞳噌吰之聲余向讀書烏諸書粗識崖畧詔諸生曰山水縈紆人材之所鍾毓也若天之文與地之文合則科名之盛操諸左券矣諸生聽余言設祠樓上中置文昌本主又迎請后田魁星神像置於本主之後着款佳序諸生十餘輩具牲牷粢醴而拜祀焉從此星精降瑞山澤效靈魁奇忠信材德之士蔚英聲而騰茂實彌軼青紫如拾地芥人文之盛胡可量哉

桂香堂記

知縣 關學優

九都竹口庄有桂香堂益田生得元思弟所築也其堂背擁高峯面臨澤水饒有幽趣堂以外竹十畝陰森如也堂以內石徑曲折奥如也堂主人率子姪童讀書其中凡耳所接者惟是風聲水聲樹聲鳥聲而人籟之紛紛雜雜寂然無聞也目所見者惟是山影雲影月影花影而塵世之形形色色歸諸無有也時而無事堂主人呼童汲泉煮茗略沁詩脾否則向古鑪爇添一炷香盪滌胸臆時而客至堂主人又相與論史險詩摩挲古帖否則在石枰上布一局碁盤桓終日傳曰百工居肆以

成其事吾儕讀書而無其肄學問有成者鮮矣田生而築此堂其卽讀書之肄也夫是不可以不記或曰堂名桂香以堂前植丹桂數株故名

登雲橋記　　董敦禮

蓋聞夏𡻕除道成梁之令周載徒杠輿梁之規雖屬蒞治之微實關王政之大彼夫鄭濟溱洧小惠未周郎如詩詠淺深大川難涉所以濟涉費一千四百萬之多建工於醋學秦坂立三百五六年□之架壓□□就邊況造之久而壞於俄頃路之衢而行者□□□與千□涉費者不

能已者慶邑北門外向有登雲橋遐邇咸蒙其澤士庶欲永其休詎料戊申五月爲洪水冲塌以致石板隨沙湮没農商徒涉往來興悲幸賴邑中紳士吳飛雲姚宗洙吳登雲等共勷斯舉集腋成裘不日工成竭鵲填之勞瘁擬虹帶之駕空造修如舊堅固比前總計捐輸之項猶存數十餘金續置橋田永作千萬年修理之費豈特一時之欣頌也哉乾隆己酉癸冬

繼善亭記

訓導　王壇

亭之爲言停也停集行人少休息也慶邑在萬山中谿

逕紆折行者難之然約三五里間必有亭其中可避風雨弛擔負片時小坐疲者忘瘁亭主人之意其在斯乎今年秋上舍生葉裔滿建亭於邑西北之視家洋不惜厚貲不藉衆力何其壯也生家世忠厚乃祖作遜公樂善好施閭里咸稱長者余每覽邑乘竊然想見其爲人微公而在今日安知此亭不成於其手生之所爲豈非心公之心事公之事哉因以知公貽訓之長而生之素行淳朴有自來也乃爲之名其亭曰繼善昔嘉慶十年丑孟冬穀旦

重建節孝祠記

教諭 吳 江

從一之義婦節凜然惟有守者爲能永貞而不變是以
聖主重之凡釐郡邑咸立祠設祭以褒苦節與誠優也慶
邑節孝祠建自雍正五年歷久催頹無從修葺嘉慶九
年邑侯黃公有志更新商及余輩余輩願襄其事因集
邑中紳士相與籌酌意在集腋議未就黃公以公事晉
省尋入浙闈校士無暇辦此今年春量移永嘉匆匆命
駕去一日羣坐蕭齋論及斯事因慨然曰黃公有其志
而時與事違余輩同其志而力與願左恐自此中止將

使潛德幽光與蒼雲同其變滅余竊之愧亦都人士之憂也適座中有姚生名鸞者毅然進曰願師以黃公之心爲心生獨不能以師之心爲心乎師且勿憂生請肩其任余曰生之意誠善矣余獨何心能不滋愧哉生又請曰生之心師實啟之師之事生代承之何必以貲不出已爲芥蒂嗟乎生言及此余復何言余惟拭目以觀厥成已耳舊祠在文昌廟後湫隘幽僻擇基於武廟舊地以其事請於邑侯劉公公嘉而允之乃庀材鳩工經始於閏六月三日兩越月而落成焉建堂三楹高門閎

厚墻垣棹楔輝煌規模式廓大異曩昔當締造時與寅友王蔚堂過其地見其指揮於烈日中孜孜忘倦蓋惟不憚勞不惜費宜其結構整齊可垂久遠也夫且祠側通衢邑中士女往返其間尤易觸目驚心其於激濁揚清則又有深意者存姚生爲人端方謹飭然諾不欺嘗思以名教振勵頹波故其行事有太過於人而爲人之所不能爲者嗚呼難矣余既嘉姚生之義舉而深慚余輩之無能爲力也因直書其顛末以志吾愧且勸來者

節孝祠記

知縣 劉種桃

維歲之丙寅六月姚生鸞建節孝祠成乃擇吉安位祭
告以光潛德而安厥靈焉美哉斯舉也揚死者所以勵
生者姚生於是洵可謂知大義矣蓋夫婦爲人倫之首
壹與之齊終身不改禮也然而青春矢志皓首完貞嗚
呼難矣歷艱辛受危苦百折而不易非節操天成其孰
能與於此者恭惟
聖天子整飭紀綱肅清風化令天下郡縣設立節孝祠以
時祭祀振而新之有司之責也表而宣之司鐸之任也
姚生獨引爲己事豈不大有功於名教者哉吾固之奇

感焉慶地多山其民氣朴質而少文醇厚而不偷宜乎貞節之婦往往出於其中志乘所登固已廣搜博訪而深山窮谷間保無有隱而不揚者乎茲祠成則凡完節於生前者皆得入受歲時之享是以挑生並之神主而不列姓氏非從略也斯無遺也是舉也前令黄爾堂與爾學吳萬山王蔚堂倡厥議姚生力厥役余適觀厥成故樂得而嘉許之聞其多方力行諸善不倦殆所謂作德日休者歟若夫相度之営營造之精與夫不吝財不辭瘁吳萬山已觀縷言之茲不復贅雖然萬山始其事

乃不自功而反引愧而獨歸其美於姚生彰善之道也表微之意也

育英儲英二莊濤記　　知縣　呂　璜

處州僻在萬山三百年來人才藐不如古蓋其地磽瘠其俗簡陋鮮有冥心於學不以衣食撓其志者邇年並鄕薦之登亦且銷歇無聞今大守淪莊先生憂之厚旌別董師儒嚴考課矻矻然集十邑之秀而親爲日講指畫者於今四稔亦既觀感濟厲烝烝丕變矣乃先生猶以此邦距會垣千里省試者或艱於貲命屬邑各謀公

用所出乘久遠以爲賓興費癸酉秋璜攝慶元篆甫謁見先生則舉是以相屬璜下車傳書積課進材子弟訓課之諸生亦若以璜爲識途老馬斷斷濟濟耕其業而請益日常不虛於時適當大比秋試諸生各已擔其簦以去行李之往來饮其匱乏之殊未遑也居無何考邑乘得青英儲英二莊繹所由創嘆前宰程公所以造士者甚厚且殷又以鄭二莊各有田若干畝所爲賓興之費程公固已籌畫之詳乃究其租入之存則虎而冠者或攫噬而爪分之秋戰之士走乞餘粒得十一於千百則

噤不敢言乃反以爲幸其他交弱士甘食貧居賤思一
奏其技不可得赴試嘗不過數人田雖存而無裨實用
不知幾歷年所矣璜謹爲之按籍而覆之往往而問履畝
而稽得大租乾把凡三百有九十冬運倉舂易價納課
攬輸設祀去五之一每歲尚存白金以兩計者四五十
焉出納鉤稽田之區佃之名氏勒爲成册藏之官司而
聞於大守或以是爲久遠之圖未可知也因思夫自古
有治人而無治法利之所在弊必因之程公之爲二莊
也以養士也以意其一興而一廢其爲是田也以勸士

也不意其名存而實亡其擇人而董其事也慎所寄也
不意其侵漁以自飽殯懋清其業更其規附益其不足
規爲經理不假手吏胥以期士均實惠材不虚生以無
負創建者培養之心以勉副我太守興道育賢諄諄誘
誘之意然安知其果歷久而無弊否耶記此以待後之
實心任斯土者且揭其書所釐定於碑陰嘉慶十九年
三月朔日

增置松源書院田記　　知縣　譚正坤

慶邑松源書院自乾隆七年前宰鄒公請撥天寧廢寺

田壹頃捌拾畝復置民田壹百陸拾伍把爲諸生膏火資澤孔長也嗣因水患冲刷過半歲入不敷經費欲多士烹字充腹以精其業良難何地無才絀於栽植誰之咎歟予五載以來留心培養爰以入官銀壹百肆拾兩囑明經姚涵增置稞田柒拾把稍補不足獎勞粮單存諸縣卷惟願諸生爭自濯磨不爲一隅所囿若擴而充之誘掖而獎勸之更有望於後之宰斯邑者

育嬰堂碑記

知縣　樂　韶

善量其無涯乎曰有孟子曰君子平其政焉得人人而

濟之然則其有進乎曰無孟子曰今人乍見孺子將入於井皆有怵惕惻隱之心夫惻隱之發非所以內交於孺子之父母今以見棄於父母之孺子而望[illegible]見之惻隱爲善者將毋窮知其窮而必思所以[illegible]豈濟乎是無毛髮之爲哉必豫有以待之此惻[illegible]豈也故無涯余初攝篆慶元與書吏百姓等相見[illegible]咨吾鄉紳士父老以民俗惷惷溺女之風未盡革除[illegible]尤愚婦恬不知怪雞爭粥而鷹攫之則譁然怒[illegible]溺胎娩之餘棄如塵土鄰里莫之顧且相倣效嗚呼[illegible]

人也吾何樂乎有斯是用痛心疾首思復修育嬰之[illegible]以收蓄子女爲全活之計會紳士亦以其事來[illegible]費不外乎捐其義要歸乎勸故斯堂之建不崇[illegible]已决嘗考兩浙育嬰堂記

國朝順治初益州馮相國奏開於崇文門外織南數百里口啸手繃者日接踵至及益都致政還里宛平相國復繼之而其式遂遍天下明季寇氛蹂躪民不聊生我

朝定鼎之初急謀撫字誠求之隱浹髓淪肌良法美意爲

海内[illegible]顧非逼飭中外勤撥解項也使宜行事在[illegible]

者之用心而已慶元舊有堂在石龍山下義民朱君相捐田以實經費厥後田沒於水屋亦頹廢紳士請以楚塘巷口宮基爲建堂之址查照金華縣成案通詳定章各憲報可前後共捐錢若干緡田若干畝并捐剗寺院餘產若干畝始事於道光二年二月訖道光三年三月上浣日而落成乳婦報稱中路之無常聲者襁褓間至爰乃遴選紳士考定舊章爲育嬰堂規條壹拾陸則付司歲司月者鎮攝而稽察之事既緒會奉札調人省旋署蘭谿慶元紳士猶月以收養登下且書來報備言嘆

咻之聲達於堂外保赤之政畧有成效應請勒石以紀其事余惟法令之初防範周密積久易弛孟子曰無惻隱之心非人也美而暢之於諸紳士有重賴焉且有厚望若夫前後勸捐兩叙及各憲申請批繳之文邑普之分別旌獎之典另列册卷俾流播鄉曲通知義例并望蒞斯邑者詳慎而修明之庶枯萘鄰屬有相繼奉行者用以廣布

皇仁上彰憲德下繫民命則善舉無涯豈徒慶元赤子之幸哉

育嬰堂記

知縣　黃煥

慶邑育嬰堂久廢前任曉園樂君攝篆之初他務未遑即以斯舉爲急急倡捐衆助不數月而堂成以不忍之心行不忍之政於此見其一端矣乙酉夏堂董事吳君登雲等挾其前擬規條索余加序俾付剞劂遍傳永久其意甚善不禁爲之歙然曰余來視於茲兩越歲矣徒瞻絕塵於前焉蔑由接軫於後車内自慙焉焉能更贊一詞乎而諸君復諄諄以請不已因閱其前規有未及議者續增給米給錢收養領養一一條並列於後非敢妄

自更張亦期一得之助云爾道光乙酉夏五月既望

重建育嬰堂記

知縣　吳綸彰

周禮大司徒以保息六養萬民一曰慈幼鄭氏康成註云三人與之母二人與之餼月令仲春之月命有司存諸孤自古帝王心誠保赤亦罔不首先爲兢兢我

國朝愷澤旁敷老幼得所諸大吏咸仰體

皇仁諄諄勸諭凡禁溺女畜遺孩法良意美亦云至矣慶邑向有育嬰之所歲久頽廢前任樂公韶慨然興舉進邦人士而謀之咸踴躍樂從擇地諏吉制甚精嚴後黃公

煥復添堂規一一條區畫章程視昔更詳且條庚寅春余攝篆茲土每逢朔望監放月糧喜其堂宇廊房倉廒井竈規模宏備爲隣近冠心甚嘉之且慮其育養日繁經費或絀爲之另籌擴充捐廉倡率飭紳士廣爲勸助未既董事以捐成銀數來告爰復造乳婦房一棟上樓下房共十二間設嬰孩衣裙四十套自辛卯春迄壬辰夏添收遺孩二十五口連前收共貳百貳拾口零由此隨時捐收再有餘積增置田產以裕永久其功德又當何如耶顧是舉也蹟園欒公倡而創之章甫黃公補而續

之余又擴而充之至於可大可久垂裕無窮是又賴後
之守土者

育嬰堂記

邑人 吳登雲

慶邑北門外右龍山下前有嬰堂義士朱君相捐入田肆拾把爲收養之資因堂宇湫隘租息甚微故堂廢凷亦無存識者不能無遺憾焉道光壬午年春二月曉園樂邑侯部慨然有志於嬰堂爰召雲暨吳登瀛王勳吳昌興姚騊姚鏡泉姚菜之茂等而告曰撫養黎元者邑宰之任也脩舉廢墜者紳士之功也今欲建造育嬰堂於城

南埜堂巷口此仁德之事諸君宜勉行之雲等起而對曰嬰孩有堂以懷之不可無食以養之石龍山下故趾前車之鑒也邑侯指廉首倡價買官項田壹百柒拾把雲等和衷協力交相勸勉隨勸各庵僧並施產後裔孫送庵中餘產總計枋租貳千伍百餘把領租壹百柒拾餘碩合稅叁百零陸畝柒分伍釐餘養嬰之需已獲權輿矣由是勸捐闔邑信善捐助集腋成裘計得壹千肆百餘千文即興工於是年夏六月成於癸未春三月其規模形制丈尺工匠木石雜料併妥議善後條規一一十

條堂規十四條，俱彙入底册存查。現收嬰孩一百餘口，將來收養生息，正未有艾也。由是堂構巍峩，墻垣鞏固，實惠及孤，仁風遍洽，藉非邑侯居心廉明，待人慈愛，曷克臻此。然我衆同事不避嫌怨，不辭勞瘁，亦與有力焉。此日經費稍敷，規模畧定，而盡善盡美，可久可大，尤有待於將來之賢侯戚宰擴而充之，後之仁人君子踵而行之，則埜塘巷口之嬰堂，自不致如石龍山下之有初鮮終矣。雲不揣固陋，謹述其事之顛末而爲之記。

修磨手嶺暨建亭閣記

知縣　黃　爌

括州領縣十惟慶元距郡最遠重岡疊巘跨連閩越而城西二十里之磨手嶺爲由慶達閩之要道尤陡峭高入雲際自下而上積九百餘丈登陟者與足僅二尺許猱攀蟻緣一步一蹶行者苦之嶺之盡處舊有亭屢經脩葺近又傾圮不堪憩息矣邑之上舍生姚圍者慶元望族也樂善好施自其祖若父已然而生復能承世德力行善事舉凡濟顛扶危者靡不毅然爲之趨者慨是嶺之亍彳難行也欲營闢之告祖若父咸曰善於是捐錙鳩工鑿諸險[illegible][illegible][illegible][illegible][illegible]以石前之濶僅二尺許者今則

廣至五尺八尋甚鉅其體建大士閣外翼以亭額曰世美於亭前鑿井以濟渴虞不絕復疏泉於亭後之石鏬間筧引三百餘步宛轉入廚並捐田若干畝爲往來者著飲之需凡糜費一千八百兩有奇尋前憾世之擁厚貲者輸衣豐食率以奢侈相高至於人之困瘁艱辛則隔膜而不相恤以視姚生之樂善好施得無愧乎夫利物爲立心之上善濟人即種福之良田如姚生者不嗇多金廣此宏願向之尺行寸步者一旦化險巇爲坦途於以知生之用力爲甚勞其所以慰祖若父之心爲甚

篤而其爲功亦甚鉅矣況姚生當年少而行善伊始郎能成此鉅功異日之擴充善量以光大其世德者其積愈厚而其流愈長也是役也始於道光丙戌之春迄戊子冬而工告竣吾知後之過是嶺者登其亭摩挲竹樹將比之道八萬四千塔而祝頌無窮矣美哉斯舉也

重修太平橋記

知縣　吳綸彰

慶邑之城西有太平橋爲附近亭居民往來孔道其始作年月不及詳攷之前志其間水火相尋不無毁作然皆因陋就簡每當春夏之際大雨時行溪水暴漲迄無完

圮至乾隆間邑人架木重修至今復四十餘年橋圈在也而蹶踢者若不敢前行人仍昔跋涉壬辰春吏請余倡新之若恐倡者之易為謀而繼者之限於力也紳士姚君鸞閣是舉而請曰是不必為使君慮鸞當獨為之因年老艱於步（時年九十）乃命長君樹德捐貲而鳩工焉樹德體父志不辭勞瘁頽者建之隘者廓之不閱月而工竣寬厚視昔有加且捐租若干把以備修葺於是往來斯橋者莫不懽欣鼓舞以為今而後可免蹶踢頽覆之患矣余聞而歎曰人之好行其德者類如是哉夫九月

除道十月成梁此王政之大體也昔持地菩薩於一切
要路津口田地險隘防損車馬悉爲平填或作橋梁或
負沙土勤苦無量得入二十五圓通聖者之一此釋氏
功德之説也福田利益儒者所弗道姚君是舉也固未
足以見其全體而論者樂道其父子平日類皆濟急扶
危樂善好施及窺其門太和翔洽子若弟循循然悉有
規矩僉曰此功德所致而吾曰不然今姚君父子世濟
其美方將宏願廣施濟人利物使後之子孫體此意繼
承於勿替而豈區區杯勺間自鳴得意爲邀福計哉此

可知其善量靡窮而天之報施未艾也然是役也父也樂善子也克承皆宜光之簡冊以示來茲橋既成余樂爲之記

魁星閣記

教諭　沈鏡源

慶元學舍在邑治左龍山西時松泉北流其形勝最爲雄秀宋大觀朝劉元鼎大廷對策以第一人魁天下士嗣後陳獻可由神童科特進位躋宗伯胡紘由教官科超擢秩至列卿文章勳業彪炳一時光昭史策最後崇盅時王伯厚先生擢上第後爲官給事中建言時事有古

大臣蹇諤風讀文山先生卷嘗以忠肝義膽識之見諸
史策所著小學紺珠玉海困學紀聞諸書悉爲後學模
楷然則事由人傑亦本地靈今兩齋中規制宏備大堂
上奎垣閣尤爲占勝據形家論一二十年後上元甲子
必有奇才異能之士踵而崛起如前人者前爲珠航先
生作詩紀之艮有深見余於拜謁之餘憑欄遠眺覺市
子霞帔諸峯蔚然深秀環列窗牖間爲之欣賞不置且
嘆前人之創建斯閣者其功艮不朽也查閣志乘閣建
于乾隆辛卯年前教諭王炳訓導程玉麟倡建之前訓

導胡曾肇有記今余復綴數言于後

重建阜梁橋記

教諭　沈鏡源

自來輿梁之設所以通商賈濟行旅也慶邑竹口最爲巨鎮且毗隣閩省松溪諸邑最爲往來要道舊建橋梁（吳）遭水激行人病之道光癸未紳士吳君恒懸等首捐百金爲倡衆亦踴躍樂輸計洞有三上加蓬蓋以禦風雨寒暑規模宏備木石堅固計經費千有餘緡誠盛舉也告成後同里貢生田君嘉修榜其上曰宋王佁厚先生故里以誌先型余赴郡往來過之深爲之望風景仰

且見茲廢坦利征民未病涉深嘉都人士好善樂義者參其利物濟人之功甚宏且遠古云太上三不朽首立德與立功庶幾近之爰援筆樂爲之記

重修崇聖祠記

松陽教諭 許惟櫨

今天子以仁孝治天下推廣其錫類之至意追王及於五世此其生民以來未有之聖人亦生民未有之曠典也櫨秉鐸松川修廨舍與義學以諸生時勤課讀爲率不數月奉 上臺檄攝篆松源其地與松川相距五百里餘至之日卽謁見 崇聖王木主側列於其中心竊

訝之詢之門役則云祠宇久廢姑爲之合祀於此權壁
然不自安以爲長幼有序不可失也尊卑有交不可廢
也今使予坐　官父列傍室長幼卑尊之禮將何屬乎
若任其傾廢而莫之動心焉於報本追遠之義殊未協
也爰進諸生而詔之曰教化者王政之本學校者立身
之基爾諸生身膺官墻列食廩糈日旅進旅退於橋門
之內乃於根本之地漫不加意是無以率之而遂因循
寖廢至是乎則一祠不可不亟爲之建也圖莫不以吾
言爲然而諸生中有吳生名燨者尤奮欣趨事自任鼎

新獨建郎於祠之故址披荆斬棘相其位置度其高下礎石瓦甓之需不需時日而祠成遂迎木主而奉祀於其中琴瞻之下可以想如在之誠并以識孝先之意且以沐仁孝之治而秩然於此見長幼兒孫之禮讓乎於此著報本追遠之義爲權既樂祠之復建并送權崧川深嘉吳生之好善足爲士林表率者特爲之記乾隆二十八年岁國學生吳建讀修

王伯厚先生故里記　田家修

先生諱應麟字伯厚號深寧居士登嘉定戊辰進士官

至尙書[illegible]開慶間以博學雄文聞於時所著書有二
海集四書[illegible]語考異困學紀聞小學鉗珠深寧集三十尙
書遺稿及三字經地理考等書行世邑父母 樂侯賞
語余曰慶之自來人物必以伯厚先生爲最先生居徽
窮理道學闡濂閩之蘊陶淑於吾徒之功至[illegible]故至今
海內之士無不知有先生者其視仕宦而三鼎相衣鉢
追鄉生榮死沒者蓋大有間前令有以[illegible][illegible]尋守爲先
生表里居者毋亦於細大之義有所未講歟先生固道
學中人也 侯去任之日余餞 侯於詰朝復語余三

他日橋成題匾當以余前言爲伯厚先生表厥宅里第
勿踵舊令所題云云也且諄諄命余爲之記并以表
侯闡幽之意余維古今可傳可誦之人如先生者真可
爭光日月重桑梓而壯河山之色觀其薦文山先生文
卷古誼若龜鑑忠肝如鐵石之語謂非知言養氣道學
之旣深能於語言文字中映真人品也哉余不敢不撤
承　侯命爰綜其一二大端俾往來觀者咸得先生之
爲人且以誌余之嚮往觀者毋以爲僭道光甲申年七
月既望

社義倉記

邑人　吳登雲

慶居萬山之中山多田少不通舟楫賴雨暘時若一值荒歲則室空致嘆告糴無由平糶則官穀有限搬運則腳費維艱惟平時有所蓄積則有備無患方今

聖天子普惠元元痌瘝在抱特頒

上諭令各省州縣查明存廢及時修復併令勸諭紳民量力捐輸法良意美千載一時也蒙粵東章甫黃邑侯上體

宸衷下恤民隱蒞治伊始卽以復設社義倉爲急務爰委雲與姚駒葉之茂協力勸捐雲司捐城內幸樂善好義者

多有姚鸞藥邦憲各捐穀肆百石爲之倡餘亦捐百以迄數石不等有册細載存案穀粒既有成數倉廒應當急圖凡木石與工雲一切經理朝夕從事不敢憚勞其吏尺木石工料以及規模形制悉有册籍可稽是役也始自道光乙酉之春二月成於丙戌之冬臘月慶邑向有額存社穀設立社長歷久穀石無存倉廒傾廢雖由社長自行侵虧亦由新舊交卸到任之際赴倉盤驗書役藉以需索社長受累社穀愈虧今錄 憲已俟絕盤驗以杜官擾易社長而立董事殷實者掌其管鑰公正

者司其出納出陳易新一歸至善遍詳立案云恩將來
生齒日繁支放或虞不給是有望於後之仁人君子督
爲籌畫焉云不敏悉其本末爲之誌

西隅周氏祠堂記

知縣 鄒儒

西隅周氏松源望族也其祖自别公于勝國永樂間由山陰孝廉秉龍泉鐸愛慶元山水遂僑居焉遷族以來子姓雖未極繁衍然彬彬雅雅咸有先代遺風書香繼紹貢明經而列弟子員者又指不勝屈康熙甲子歲歲薦君璽明曾修譜牒源流支派明晰即指上歸統至乙未歲選薦君大訓復詳加增訂勒成一書獨三百年來祠廟未經建造尚爲缺典也歲辛酉周生九成大京大觀大淇宗濂諸叔姪謀諸族人爲創始計不數月而遂

落成一堂兩廡規模嚴然較他族之卑陋湫隘實爲適則秋露春霜將展孝思於勿替因顏之曰永思堂夫人之有祖猶樹之有根也根本深厚則枝葉自茂令衆子姓殷然以妥祖靈爲念則培植既深而庇廕自無不茂盛矣抑予覽有說焉先儒有言曰建立宗祠不獨可以分昭列穆妥享先靈抑且可以講讓興仁垂訓後裔令歲於祭享之餘每於吉日大集子姓於祠內卑者各以次序立尊者先揖

聖諭暨 律令詳晰宣示復將 祖宗所遺之家訓逐一講

明俾衆子孫咸知國法祖訓之具在消彌其不肖盡易
爲仁人君子之行是風俗之轉移胥於尊祖敬宗之地
豁之矣將來或有理學人文蔚起有厚望焉
特授文林郎知慶元縣事加一級泊陽鄒儒頓首拜撰

補遺 重建無疆堂記

慶邑舊設無疆堂歲久頹廢舊額僅存余下車後訪問邑紳知曩昔供奉

萬壽龍牌爲朝會祝釐之所因商諸寮友急謀興建進邦人士而詔之爰各捐廉諏吉興舉得紳士姚君鸞首捐金五十餘亦量力佽助各有差等并捐椽瓦者助襄桷者願赴工作者絡繹相望自庚寅六月興工不朞月而告成今創建悉擴舊規凡添置左右萌房戲臺門閾庖湢胥備無遺元辰令節旦恭逢

一人有道之慶當文武朝儀表崇父老扶杖而觀婦孺企踵以視使山深地僻之區學者觀
殿陛森嚴衣冠蹌濟與夫升降揖讓儀之大甚盛舉也且當朔望寮屬聽拜宣講城鄉士庶得於斯圜門觀聽復古讀法懸書之舊父詔其子兄勉其弟則斯地之關乎禮教法制者實匪淺鮮今紳士復經理租入以備歲時修葺費詳且備焉尤足嘉尚道光十一年歲在壬辰黃鐘月

慶元縣知縣吳綸彰
　　　教諭沈鏡源謹紀

補刻東隅重修馬侍郎廟記

知縣 湯金策 酉山

觀祀典所載苟能禦災捍患有功于民雖身名隱約徵信無從而浩然之氣充塞天地者無往而非神古今來山川里社雷雨風雲靈爽昭著澤被生民曷嘗盡布方策立功立事于當日哉慶元后田鄉馬侍郎廟父老相傳侍郎爲五季時人百丈山馬氏女仙郎侍郎之女弟詞證仙果第稱以侍郎豈曾筮仕于徃昔與然竟無考其廟自前明天啟以還歷數百年不廢其神應式憑慶民咸受其福者不可勝紀故凡歲時伏臘黃童白叟擊

鼓吹幽水旱疾疫有求必禱有禱必應焉夫神之視聽在于民而民之誠敬感于神精神命脉一惟神之是依宜其人和年登而神降之福也廟歷年既久將次傾頹邑人某某鳩資修建煥然一新余卸篆往宰宣邑謁行有以神有姓無名而詢記于余者余曰侍郎之神在天下如岳瀆之在兩間岳瀆果誰名耶爰作詩俾時祀以歌之曰渦巒環拱松源鄉標奇擅秀甲梧蒼神峰百丈隱丹房服食靈草飲瓊漿兄弟飛昇上玉堂下渺民人或如傷停鸞駐鶴東渦旁顯著靈感虎遁藏驅遣疾疫

民樂康嘉穀瑞麥盈倉箱仁澤下被遍四方斯民瞻仰維侍郎春齋秋報歌吉祥重新廟貌發輝光青山蒼翠溪流長爾民嘉樂亘未央

補刻新昌社田段

一段坐落洋塢聾大租捌拾把一段坐落洋隱坵大租壹拾伍把一段坐落后田門大租壹拾伍把一段坐落古樓廟洋大路下聾坵大租壹拾肆把一段坐落補兒洋心大租肆拾把一段坐落南門外猫衙洋大租貳拾捌把一段坐落白鶴圳對面大租貳拾把一段坐落白鶴圳路下大租肆把一段坐落四都黄田亭土名霹靂坵大租壹拾把一段坐落大坂洋鳥墩大租捌把一段　落大坂洋鳥墩大租貳拾捌把一段坐落塘四大租玖把一段坐落周墩天馬大租壹拾把一段坐落后田書堂門大租肆拾貳把一段

坐落大坂洋八角亭及大路墘大租肆拾伍把又錦
水橋上店五值又錦水橋下溪向店一值共坐田稅
三十六畝九分正

文昌塔記

余為建閣肩鉅方盡權與忽聽叩門聲童子以羣客數十輩倒屣迎之向余言曰閣不如塔請如公衆舉成一鄉鎖鑰余慮綿力不敢時辛丑十月陽正開朗欲日陟降巘原蔵擬小頭巖爲勝余覽其形勢迴環當我鄉之捍門頂開小坦若得一峰插霄將與雲屏對峙隱映間恍有一塔者然是夜竊聽羣衆紛紛慫以建塔言越三月遂如衆舉之議尚有慮焉塔基須得巨石從山頂至下壑絕壁崚嶒卻有巨石豈人力所能升余鬱鬱者累

旬一日後抵山匠四鐵爲令詩同周尺小竹叢中似曉

喻或得石未可知隨舉鋤言六七尺中數後時詩謂不

多遂也後自動六衆伐去芸蒿竹大衆鋤泥內得石一

筐方正如鼓琢每一石計可八九十人扛觀者稱慶加

額遂日採取初則厚重堪爲下基次則稍扁似棹次則

粟藥堪補石孔其外更無一石矣非神運奚能及此卜

吉者以塔與閣同向坐豎桂并議十月廿四或謂閣塔

需工不知凡幾且塔桂長而大恐中分則薄不敢毀之

占天與人以時應一時並豎是日雨霏霏半夜稍霽

强有力者奮臂以待忽瓦窑中雞鳴齊日雞首唱矣郎呌呼大舉半時柱不得起僅尺許譁譟不知所討忽霆霧濱濛祗見柱首昂笑若有提挈者刻餘起立少頃霧散放出日光千爍閣中金鼓相應奇哉謂非神乎是夜虎從塔中吼識者謂雨者龍吟得此爲虎嘯日中麗明則近光徵也塔成計濶二丈四尺七級并頂高六丈四只內典二百四十函藏頂日祗見紅日坐揮漸出圈子數刻從未見也是夜[illegible]月華祥瑞叠奇徵種種矣額曰文明塔陂小蓬巖爲梅花嶺應與關並記焉

重修儒學記 補刻

貢生 姚涵 邑人

自宋慶元三年置縣以迄於今學凡四建考志書初建學瀆田嫌其阻於水轉遷城內又嫌其近於市前明崇正壬申改建今址胡公若宏記甚悉

國朝定鼎以來重熙累洽養士尊賢百數十年於斯慶雖僻處山陬而尊崇

聖教留心黌序者代不乏人雍正六年丁未徐公羲麟倡捐合邑士紳輸費重建明倫堂至乾隆壬辰癸巳間唐公若瀛丁公葵偕邑人余公漳姚公又煇余公鎭張公德

祀等復起而倡葺之
殿廡垣墉煥然一新仰門墻者莫不嘆觀止矣嘉慶戊辰
之秋爲蛟水所壞明倫堂　啟聖祠櫺星門墻垣板壁
坍塌殆盡有志之士雖心傷學校之廢然卒沮於工費
繁浩力有未逮因循數載莫敢權輿庚午春　坦園鳴
邑侯奉
天子命來蒞是邑甫下車謁
文廟目擊神傷毅然爲修葺計乃請於當道咸報曰可遂
捐廉俸倡廣文　叟石朱公　蔚堂王公倡邑紳士齊

力其濟顧不斷不斂謀及於　涵涵　思字宙之大古今[illegible]
遠鶩非沐浴
聖人之教者豈忍使泮宮重地鞠爲茂草乎於是同任事諸
君子朝夕從事不敢憚勞鳩工庀材修敗築施黝堊舊
者新之缺者補之周圍墻垣礎基深而厚其下石也大
而固高而彌堅以防水決中自
大成殿迄東西廡後　啟聖前櫺星左明倫齋不重加整理
肅然改觀又以明倫堂舊有屋一棟可爲諸生肄業地
乃復建以兩廊置松源書院於其中牀廚椅棹罔不備

具員以資書院宦縣田課士未便故也今改於此可不謂一舉而兩得乎而要徵　鳴公之力不及此　鳴公爲人寬洪而渾厚勤政事而隆師儒故其蒞慶也先以修理
文廟爲亟亟重文教也是役也歷庚午辛未壬申癸酉凡四載董其事者七八襄其事者二十餘人其踴躍而輸資者另懸其額不復贅
嘉慶十八年癸酉孟夏月下浣穀旦邑人姚涵記

傳

貞女葉氏傳

知處州府 周茂源

栝山奇峭栝水清瀉毓秀閨閣代有其人使潛德幽光與蒼雲併散亦有司之耻也慶元有葉養姑年十三封股以療父疾字吳氏子艮彩鴆盟雖訂鴛侶未偕聞艮彩之訃堅請從母赴弔即留守志不還姑疾即以事父者事姑姑感之擇嗣令撫甫及成人旋復不禄復以撫嗣者撫孫居雖庳淺步不移閾家即絶粒丐不乞鄰稱未亡者六十一載撫嫺女戒深諷貞經於順治十六年

無族端逝慶人爲立祠源親式其間杯茗致奠而長揖以禮之

節婦周氏傳

知縣 徐義麟

節婦周氏巳故儒童吳公望妻也十七于歸甫一夕而夫亡氏悲泣絶食誓以死殉姑李氏係名家女以大義諭之曰汝慮無後耳今伯姒陳現在有娠生男即以繼汝則汝夫一脉得以接延且代夫以修子職俾予失子而有子節孝兩全不爲計之善乎陳亦欣然謂曰姑命誠當余雖首乳必不嫿吝也氏乃再拜遵命恐啼泣有傷

姑心更溫容奉事已而陳杲生男取名曰超氏慇懃頤
復曁長不辭家貧事紡績以資讀幸遊泮水并爲娶其
姑之姪女孫闢闢以爲之室夫何天堅苦節超甫生子
而身亡氏痛哭不勝幸媳季氏抱兒跪稟委曲勸解氏
憂稍舒可憐家徒四壁姑媳二人惟藉女紅以資口食
而足不出閫口不道貧所尤難者甲寅耿變氏避寇於
鄉常懷刄自隨誓死無二真所謂貞節天賦窮且益堅
者也余覩纂斯土廉訪幽芳氏之清操彌厲媳季氏
同持苦節孝道堪稱旣以一門雙節褒美之續爾次詳

請邀恩入告追
綸音將至而氏已溘然逝矣余莫以文復撥貧郭官田一十六畝零俾其子孫永奉祭祀今
旌坊建於康衢行道通知權歷歲久而苦行漸湮且其姑媳伯姒一家之懿德弗著也因按其事實始末而詳紀之俾觀者有所感且百世不朽云

賢母季氏傳

知縣　譚正坤

夫玉爲上璞次之石爲下於物固然夫人則亦有然者矣讀烈女之傳彼女子聰敏皆能解之詠柏舟之詩也

窮巷幽姿亦能佩之亦惟臨文感喟已耳若乃天以貞授人常在巾幗以映玉之姿不欲碌碌如石者乃爲善承也懿閨中之秀偉林下之風擬之而有合者孰如吳生仙洲母李老孺人者乎跡其夙佩內則載賡善懷柔嘉淑愼長而適人偕老圖其初心如賓亦其能事而不幸芳槿殞秀速奪良人有願未遂傷如之何自此以往幾無意人世矣且內助亡兼然治心之操也慮之决也切倍候而籌患治綠而棼雖有基勿壞而難持者家計時縈紆於日夕飲蘗之方寸主中饋蘋酒漿事猶常也

體予弟之嗟劇妯娌之變及其常也至顧憐稚子依依膝下長則計齡纔六次則計歲方三爲其計長久求成立期克報於地下者腸經一日而九迴用是遺就傳處庠序冀其期而大成九年常欲以和丸之功收之而果也令德之克立令名之克樹持寸草答春暉慰慈母之設心者猶是當前依依膝下之令子此雖師儉占後八之賢而根深木茂源遠流長實本於長育顧復斷機示訓而來者也其有額曰畫荻可風見賞於莫公觀雲者良至協壽母之譽爲厥子厥孫奉觴杖而誌豈尚壽之一

徽孰非節之報乎孺人産自望族適於高門計初寡時年二十有五迄今計年七十有一邦人士高其節而持公論自有確見者在余與吳生贊文有素已知其畧竊不揆譾陋而樂爲之傳焉贊曰猗歟吳母譬彼柏舟楊清激濁砥柱中流四十六載勁節是道齊家禮法鍾郝堪侔青年失鵠白首扶鶵承顔養志當念其篝燈畫荻而勿負乎先世之貽謀旹嘉慶戊寅孟冬中澣之吉

教諭 沈鏡源

節母姚孺人傳

孺人母氏姚系出邑中望族其尊人庠生名斐儒脩爲

業孺人自幼嫻習古訓性貞淑不苟言笑十八歲于歸
吳松蔭公爲室孝事翁姑恪勤不怠躬操井臼相夫子
以禮不幸二十九歲所天遘疾而殂孺人誓欲身殉但
藐孤坦然年甫六齡常顧而啜泣曰守節難撫孤尤不
易苟不克俾成立無以對亡人於泉下於是紡績之餘
篝燈課讀有古丸熊晝荻風親黨閭里莫不交賢之迨
生成立遊庠食餼蜚聲庠序前邑侯黄以義訓成立旌
奬洵不誣也孺人享年七十五歲計前後守節四十餘
年例合請旌生以遵慈遺命有待今後嗣昌大餘慶未

艾支孫用光用中俱相繼入庠可知天之報善不淺亦足爲邦人士表式矣余不敢没善因爲之傳贊曰自來閨德節孝最良艱貞之操歷久彌彰冰心鶴髮凛若嚴霜躬操井臼盡孝翁姑親睦族黨教子義方四十餘載辛苦備嘗賢聲播著淑德褒揚令子支孫克繼書香光昭志乘曰篤不忘旹道光壬辰八月初吉

節孝姚季氏傳

黃煥

竊維靈淑之氣聿昭誕降之奇故忠孝之懿範爲五行之精英而節義之芳徽實萬世之模楷也夫宇宙英華

蓄而必溉豈幽光潛德隱而弗彰于攝慶篆訪得故增生姚芝妻李氏係貢生李瑛女職員承恩母也出於望族配自名門幼在提攜即諳女則長離襁抱親習孝經未結褵而趾步端詳方及笄而儀容淑慎時咏于歸動無踰禮既奠盥饋之質復著貞靜之姿勤治內而佐讀有方孝事癈姑以竭三養經謹倡隨六載忽傷鏡裏之孤鸞矢誓終身竟託雲中之孤鵠盡婦道而代子職以母慈而兼父嚴織席能著論勞育效夫敬姜畫荻可傳書教克紹乎歐母允矣心堅冰雪誠哉節凜松筠姆訓夙嫻

賦偕老者二十二歲夫婿早逝稱未亡人一十九年故宜喆嗣傳芳名登國史裔看文孫競秀業振家聲此誠節孝之兼隆抑亦報施之不爽也邇於政暇之日恭請題旌以垂奬勵復於坊建之時纍爲贊傳以誌表揚

吳將軍陳仁公傳

教諭　丁　葵

吳將軍陳仁者三都陳村人也微時販豕爲業其弟握瑜多智謀仁聽其言多奇中康熙十三年吳三桂耿精忠謀逆慶元地連閩界複嶺崇灘賊設爲防守派勤兵餉愚者與之黠者避焉陳仁笑曰吾方思効尺寸若輩

何怯也時賊兵一據仙霞嶺一據石塘嶺康親王議取
仙霞令貝子福拉塔分兵攻石塘仁瑜趨郡見廵道姚
啓聖進謁王曰石塘至慶不遠願募兵爲先導王錫以
蟒衣命仁爲副將瑜爲守備付以委牌安民榜示劄副
聽其委任仁集義兵殺僞官周虎等及賊兵三百餘時
傳大將軍將破石塘進勦各邑兵未至仁乃劄委吳允
吉與任之李繼賢等退屯楊墩湫僞防守引爲官張嗣
端及賊兵焚掠各村仁遣任之斬吳懋莊等父子及全
並孝一十一八賊氣奪大將軍給仁綾劄往建寧招募

貝子從征霞進發仁[illegible]綏[illegible]部[illegible]石塘
貝子西進向敵寨令仁[illegible]啓聖[illegible]總兵[illegible]石
塘後取路石門坑賊方注視大軍不虞奇兵猝至大敗
賊兵殺賊兵數千石塘既破而松遂諸邑皆復仁瑜率
本部兵由小徑取慶元遇賊殺僞將吳啓傑等恢復慶
元而松政壽等邑亦次第收復敗賊殘黨過慶仁特出
奇截殺僞官胡俊英胡招弟乃出竹口迎貝子軍下松
溪會王於建寧耿逆平鄉兵各受賞歸農王以表章義
民事具題奏

旨吳陳仁等抗賊守義殺逆可嘉部議交督撫奬賞録用時巡道姚啓聖進位總制征漳州陳仁副將護理延平都司握瑜補授汀州中軍守備隨征没海及臺灣厦門皆有勞績陳仁卒於任所握瑜告養親撫柩還鄉遷居政邑城内卒於家其先後受賞於王貝子獨爲寵渥同時劄委諸人有姚英姑及蕭岐輩皆附仁瑜而成名者也

周雅先先生傳

知縣 鄒 儒

栝蒼素號小蓬萊而松源山水又極奇秀如城外一石龍

龜水諸勝皆天然靈異有繪畫所莫能工者故建治以來代有文明之士應其運辛酉秋予下車之始延訪邑中老宿以至義學諸生咸稱惟周君堪副此任因備束幣延之君自處闇然不樂干進予於公餘造館課試始獲覿君面而平時足跡未嘗履於邑庭以視世俗之士一爲有司延攬即借爲晉接之階慒中剩剩朝暮來見一覿面輒躡足附耳語刺刺不休反目持方守正之士爲迂拙者真不可霄壤計君可謂有道之士矣君即世俊少年勤學爲文雄偉軒豁筆力可辟易千人與君同受

知於學使　鄧東長先生君膺薦赴鄉試高等食
餼才名噪一時予嘗謂僚友曰松源山水靈蘊百年今
得君春風絳帳陶淑多士豈其無成效歟予與君有相
知之雅不揣不文握筆爲歌壽君之行歌曰松源山水
地闢天張蘊積磅礴鍾毓靈長功名道德節義文章代
有其人史册炳光于茲百年精斂華藏豈終秘匿鬱久
必彰君抱鷄才力學自强一芹拾芥名振宮牆古道自
處濬甚是坊經明行修明廷薦揚鶴鳴有和向歆繼芳
青緗世業多士景行馬帳蘇湖于焉頡頏龜水澄清龍

山奮昂天馬騰躍霞帔掌皇耀精熔采聚於一堂薰陶涵泳教澤無方屈指風雲並譽翱翔作棟作鈎手出工艮耄耋期頤壽考無疆我撰小詞爲君晉觴請君大醉放眼括倉先生諱之晃字雅先號省戀生於康熙壬戌卒於乾隆甲子享壽六十有三

吳厚峯先生傳

知縣　關學優

先生吳姓爲慶邑望族其先世吳彥申公文成一家登政和壬辰進士吳巳之公倜儻宏博登寶慶丙戌進士吳松龍公讀書多創解登寶祐丙辰進士而先生乃生

數百年後以文學顯殆繼起中之一人也先生幼聰慧甫弱冠即通五經子史且慷慨有大志視取科名如拾芥年二十以榜首充弟子員二十三食餼四十八以歲選成均貢士候補儒學司訓計閱歷數十年凡歲科兩試七次冠軍　學憲寶東皋先生最器重之顧乃八戰棘闈戊子科薦擬房首得而復失論者咸謂先生豐於才而偏嗇於遇爲大可惜也先生性謹嚴訓子姪以義方嘗掌松源書院及其門者皆莫不愛之敬之又喜著書遺有屢空堂文集十卷山輝堂詩草四卷待刊行世云

未夏余奉　憲檄重修邑志因廉得先生之爲人屬筆從事閱數月而剞劂告竣其間攷徵確序事明傳疑傳信取裁一歸至當是故旨遠而文言曲而中苟非先生纂輯之力曷克臻此歟且先生非獨以文字顯也夫人有真學問必有真人品然後可卓立於儒林維風俗而扶名教余竊念蒞慶有年先生所居後田庄亦距城不過一里乃先生兢兢然慎於出入不屑奔競間以公事延訪則先生至否則閉門自適願見先生而不可得余仰止子游而竊幸邑有希蹤滅明其人者夫亦足爲當

世風矣先生諱元棟字德梁號厦峰生於雍正丁未卒於嘉慶壬戌享壽七十有六

吳景韶先生行誼傳

教諭 朱 鋼

景韶吳先生名來成慶之守道士也余自戊辰歲秉鐸茲土悉其高誼善行爰謹誌之先生幼而穎異年未弱冠補弟子員善事父母奉養承志得其懽心父母有疾親侍湯藥衣不解帶者經旬及歿哀毀泣血附身附棺之禮概從其厚友愛兄弟祈居分產辭美受惡伯仲後先卒友于之念彌深先生於大節修飭至老可一一言

罄也且歲時祭祀先人雖子孫衆多必躬展奠祖父塋無論遠近必親往拜掃凡父母生平所嗜好及留遺器具觸目神傷此非天性惇篤何能終身孺慕若是也至收租稅於農佃無力償者教之勤儉不責其租誼篤親族貧而負貸者卽焚其券當甲辰歲歉先生每出餘粟以資接濟俾窮民得以存活其周恤閭里又何如也先生喜讀書老而不倦嘗以古之嘉言善行詳書戶牖以勗子侄閒樂山水聘懷自適樂成人之美事善解人之困厄悉心儀古人而行之先後兩配子皆遊庠以克

其家一淑人多內助殆均能觀厥型於先生者前邑尊黃兩堂贈以聯云敦倫飭紀世德悠悠扶清都之名教推重亦云至矣今先生七旬有餘康強逢吉後嗣亦英鵲齊起善哉余悉其顛末而紀之俾有道者將光於史册以誌不朽云旹嘉慶癸酉春日之吉

教諭　朱鋼

義士吳昌興傳

山水與衍之區往往多異人蓋地靈所鍾也慶邑界萬山之中地脉靈異余自戊辰夏蒞任於茲居歲餘乃得吳君昌興其人焉樸陋簡澹非必有超世拔俗之識與

吾嚴其行誼爲近今所傑出者聞少年時家貧艱於糊口儕伍凡民矯然特異及壯力能經營頗有蓄積而獨汲汲於公義邑治後東北有三險要處往來病涉爲獨建橋梁曰倘義曰護龍曰金坑所費貲不下數千而橋當溪流之衝恐其不能保久復捐置義田計租數百登其所入顆粒悉歸諸公爲修治計一邑之人皆德之董建祖祠數十楹顏曰延陵美奂美輪族望歸焉通衢灰徑凡有碍於往來者悉爲甃石培土親友鄉族貧而不能殮葬者請必應各村鄂樹點燈施茶四時無虛日嗚

呼凡此類雖家擁巨萬未及能行而吳君以單寒起家持身克儉獨勇於義而爲之裕如余嘗綜其急公之財苟反而自治營華屋置良田以肥其家亦足坐享豐亨而乃甘處約以全公義豈非出於性生而不矯情以邀譽者歟壬申邑人高其義爲請於官詳咨

旌表

賜之坊曰好施樂善嗚呼亦榮矣哉易曰積善之家必有餘慶殆有然歟癸酉暮春余將辭歸覩吳君之行而榮其遇爲文贈之以誌不朽且爲邑之好義者勸

贈姚竹溪傳

吳興　凌堃

慶元姚氏盛族也其先世多隱德山居深僻近代寧有闒人惟樂善出於人性而處盛譽有所弗居者爲傑出竹溪先生諱騶字逸千爲縣學增生於文無所不能然深自覆匿不汲汲於進取處父母兄弟子姪唯孝恭謹厚未嘗出奇言魁行動人聽聞宋蘇軾嘗言無其實而竊其名者無後先生仁不畏遠義不辭難而一切名之可居者弗居先生宜有後矣縣有文廟有城隍廟有文昌宮有書院有社倉有育嬰公所或圮或廢或費不支先

生與同志者以新以後必經畫長久計他如族有譜則纂之家有塾則葺之師友之貧而無殮也殮之族鄰之貧而無贍也贍之路有遺骸棄字或掩之或收之又嘗鄰外姑之無依而終其養又嘗封外舅氏之先之墓而爲之碑又嘗平崎嶇於南門之外又嘗建接亭於北門之外於庠先生困寒畯而能尊學敦善行若是使生當兩漢以上然不僅以譜牒終充其好善之量何所不優而乃心浮於方鋭鋭於詩徒使高其義而賓師之者止一邑之長載其生哀其死而俎豆尸祝之者止一邑所

及見聞之老幼男婦宜先生歆然終身易簀時猶戒其諸子毋述毋狀也有子五長鈞培以乙酉拔貢生來京師與余交久伉爽磊落無誑語述先生行事多可信戊子春先生年七十杜侍郎堮爲之敘歸鈞培以壽先生弗自得也是年冬卒辛卯鈞培復來京師適雷陽黃煥從曾宰慶元稱賢吏偶與語輒道先生行善不置聞之益信爰述其概以備志乘之采

歲進士葉君傳　教諭 沈鏡源

葉君名之茂字松濤城東人善讀書明大義自少失恃

侍奉後母克盡孝道不逾所生凡親有疾必躬親湯藥一切竭情盡誠蓋由家教克承亦天性純篤使然且秉性慈祥立心公正凡修　文廟文昌宮嬰堂社倉宗祠諸盛舉亦無不捐資樂助并釐理其事始終不懈至若脩橋亭砌道路所以利物濟人者悉捐貲佐成之嗚呼葉君行誼卓卓如是可謂鄉國之善士矣余下車之始君適遘疾亟危不克一覿面爲悵因署任詹雲航詳述其遺行竊心儀其爲人今値修志乘伊子榮燚亦門下士恂恂篤實亦余心所夙契茲邦人士以其尊人貽來

告余不敢沒其善行爰援筆而爲之傳

王茂才小傳　　教諭　沈鏡源

戊子歲余奉命兼鐸是邦下車日諸生來謁有王生成績者器宇英特叩及經史俱能成誦心甚器之細詢來歷知生年甫成童早負時譽縣府試輒冠軍十八歲受知　朱部憲以第三名入庠嗣後校閱書院官課及月課卷喜其文筆超拔且行止亦恂恂儒雅洵爲遠到之材庚寅歲試循例舉報優行辛卯科試　李學使援取第一名補餼去秋恭遇

闈余期其獲雋以爲力學者勸詎知福慧難全七月間以攻苦遘疾不克應試至九月竟致不起當此白髮紅顏甇孤呱泣撫懷四世心甚感悼余撿閱生遺稿擬梓數首以慰泉壤蓋悲其志之未伸且惜其才之見厄也猶幸善人有後是亦天之未喪斯文也夫現值　吳邑
恩侯修輯邑志採訪遺行爲綴數言以附簡帙之末云

道光壬辰歲八月初吉

田茂才艮小傳　　知縣　吳綸彰

余視篆濛洲甫下車亟詢及邑中之秀髦蓋宰所與慶

教化美風俗壹統類者惟此一二有本有末之士爾慶之北土竹口有田生昆兄弟者頗有讀書聲余聞之心許可焉庚寅余至竹口停驂所憩堂生之父嘉修亦邑明經以公事至余見其人謹厚而知其子弟必懿愿也昆明經長子幼時日誦千言穎悟過人因家貧急於治生讀書稽古僅以餘力及之及應童子試陳前令以生冠軍蓋昆於此事實有宿根者生至性醇篤志學之年即代其父經紀家務其父先豐後嗇然性豪好施而生雖處空匱之時所以承親之志者務期如親之心而後

安以故年未弱冠以孝聞生在鄉黨恂恂如孺子處醜夷恭敬遜讓未嘗有忤物之色噫以余所聞邑中之彥如艮者其殆昭質未虧余懷信芳者歟辛卯冬其弟謙余門生也以其兄艮行狀乞余爲作傳余撫膺太息曰田生行誼有本有末余聞之久矣今年方英妙遽大還此豈特田氏之不幸哉耗至余心惻爲之傳以誌余悼

賦

濟川賦

沈維龍

踈閫分土極源誌鄉漢魏兮鴻濛唐宋兮啓疆卓宗錫寓氏族方張人燦嫩發六一惢澤藏地鍾其瑞氤氳莽蒼人挺厥靈豹隱鸞翔陰霞暖靄巖谷岸瀠紆其皇陛前白蓮後白鶴旃檀拂於霄岧蜒若天馬岩嵝於霄漢冠頂巍峩於亭壽積源於層巘重巒之嶙迸泉於削玉懸崖之險觸石噴泄怒濤奔派然後滙爲清泓轉爲迴瀾分燕渚出龍潭千溪萬壑而西爲赴海之湍此濟川之

可望而邇也廻龍內扃捍門鎖黛東曰仙桃茂木鬱葱黃公逢之羽化丹鼎寄乎仙踪西曰薰錦對峙豐巒異樂隨乎天仗三橋架於長空帝垣聳文筆之竒輔壘頓捲旗之峯環四面而揖拱合二水以朝宗其土則丹青白坿其石則砥礪珷玞其卉木則蕙圃蘅蘭射干芎藭其異類則鴛鶵騰遠謝豹鵕鸃衆物居之不可勝紀其遊觀則曲欄危榭怪石芳池雲承綺棟霓飛繡櫨清泉湛於中庭肉芝産乎疎籬情暢意怡東皐西畦原隰曼衍篝簍潢汙夏熟黃雲秋殖高庾于時瑣籧修鱧劍鯢

珠履清風滿座雄譚揮麈四方之賢俊皷羣筆而蜚紫
裾摛章染翰錦心繡語此都雅博大之高致也望濟之
各宗貴士有之朝經暮誦家詩戶禮執讓撝謙策勳帝
里聯軒結駟此人文彙征之盛作也望濟之儒紳俊髦
有之四衢九達踦閭襟帶淵白叟黃童雁行臚列男舉趾
婦辟纑宛邱之鷺羽不値懷春之吉士何慕敦本尚行
相友相助晏息蚤作株守其戶此淳龐古始之遺俗也
望濟之父老子弟有之於戲斯民也時澆獨醇時究獨
賢豈其本性之殊異夫亦風氣之相沿嘗悲蜃市之樓

臺不久瓊璃之盎穌不堅時澆時宄孰與望濟之葆麗
抱樸而喁喁乎擊壤之堯天歌曰高岫兮神樓危構兮
雲齊素封兮連畦鳳異苞兮麟異趾芝有苗兮椿有蒐
溪含碧兮天上下山憑空兮月東西後賢接武兮擅英
奇龍騰蚪躍兮耀雲逵樹德兮發山川之靈秀人傑兮
際元會之昌期

鏡山賦 并序　　教諭　孫之騄

暮春之月百草萋萋顧望有懷不能自遣乃步出東門
至於後田沿溪行水光泓澄鯈魚出没於[illegible]歷可

數十人曰鏡溪也岸多大杞紛敷蔚薈夏月清涼揚素波以濯足蔭垂陰以爲蓋徘徊相伴遊精域外行里許過丁步上沙洲見羣峯壘巘壁立中有小山焉平圓如鏡之在架上土人曰此鏡山也山路紆迴迤邐有亭翼然樓閣差參隨勢下上綠苔分徑蒼岑對室佳木美卉葱蘢翠密每晴開曙景天風歛黛俯聽鏡潭之淸泠目眺闤市之鱗萃平楚蒼茫恍然在目噫是山也高不出羣峯之上而獨以鏡名其體是陰陽之爐鑄化工之鎔範有私於造物者矣乃爲之賦曰

覩形責影能見形容覩人行事能知吉凶鏡之爲用萬
象昭融拂拭斯明塵垢廼蒙豈若兹山不藉磨礱至静
德剛含物化光凝耀炯炯散彩洋洋不將不迎應物無
方同實録於良史隨善惡而是彰魑魅逢之而立辨魑
魅匿影以潛藏山雞見而起舞海鳥集而翺翔惟鏡之
明可以鑒形惟鏡之清可以洗心清本不濁明豈能昏
不濁不昏故能籠百態燭无垠上洞玉清下徹太寧日
月竝曜星辰列陳大哉鏡虖豈徒章山之銅鑄而成質
抑亦六塊元氣結而爲山者虖是以君有鏡以平政臨

下必簡至者鏡以厲簡在邦必闢若夫山不稱嶽谷不
出雲未遠千古泯滅誰論玉鏡沉埋蔓草縱橫禽鳥棲
陽熊虎居陰寒泉懸瀑浚湍流帶林薄叢籠幽蔚隱藹
東方曼倩見而稱曰惚兮恍其中有象杳兮冥其中有
精洞碧空其何深湛清瀾其絕底鸞舞翩於曈曨龍怒
鱗於清泚漄南王曰旨哉大夫之體物也

慶元陳侯惠政碑

括多巖邑處僻處西南四百七十里與景寧龍泉識豨順閩建寧相距猶尤爲險阻山坑闊小醜往往出沒官兵或不能禁戢積數十年爲害爲之令者豈不憂憂乎其難矣哉唯聖天子明見萬里時每軫念慎選賢有才者任是職而今平川陳侯實膺茲選下車喟而曰匪兵弗以衛民匪城無以固衛二者可不謂急務然兵戢危城築費且勞如之何退思者久之深惟坐視赤子橫罹擄掠仁人所不忍矧一方民託寄之我於是捐俸

於代糧餉親師鄉壯兵奮身出戰於竹口楓塘歷三晝夜殲賊首四十級生擒賊百有五十餘盡搗其穴餘黨悉懲繼其與鄰境同賴以安繼遂經畧撫綏事條便宜上監察守巡報可乃行邑寺田查備寺僧焚修外召賣月餘得田金七千餘木甓瓦石之材揀度築削之力咸以取足距然保障延袤七百餘丈通道於八閩慶元縣周行自茲始父老稱頌感其德政駸駸乎頌聲作矣歲日兵以靖亂一時城以設險萬世我侯安民之功大且久若此觀風氏最其績爲兩浙第一丁未侯當入覲邑人

老搢紳父方憂其遷去相與謀立亭鑄石以紀不朽予
爲令之職首惟安民而侯處其時變乃克施其賢有才
以戡平禍亂以保乂茲一方斯不爲思艱圖易舉稱難
任者乎予仲弟子揚始以天官郎丞東廣試事得侯之
文覘其不凡也觀侯之作用實能擴發所蘊乃知文藝
空言而予弟之識鑒亦於是驗云抑先王所恃以治安
猶有進於是者不兵之兵不城之城仁義是已侯蒞任
以來軌道範俗知既足以蓬此肆令胸富甲兵爲國干
城應變秉經綽有餘裕裒然爲循良稱首有以夫由是

推之他日施於四方何莫而不爲慶元也金鄉經畿劉
候嘗與督城役謁文是爲記嘉靖貳十陸年正月之吉日
朝議大夫福建布政使司參議東崖王瀓撰通議大夫
太常寺卿兼司經局正字立文淵閣侍經筵預修玉牒
國史官清泉周令書篆

革除夫役碑　　知府李　昉

爲覈禁仍派事乾隆五十九年五月二十九日奉布政使司田憲牌內開乾隆五十九年四月二十六日奉巡撫部院吉批發慶元縣民陳光梅等呈稱身等慶邑小民雖居山僻當差繁苦每於大小各村私立額規大村六夫八夫不等小村四夫每於差與不敢不到皆因當差無價給發有力之家私自津貼書差無力之民遇差即拿面叉需索要不責存一發只辦繳錢當官不如發價上年懇蒙前撫憲長洞悉民隱出示嚴禁在案爽如

兵書姚德賢工書吳春慰仍踵舊習勒派如故呈叩嚴
行示禁等詞奉批藉差勒派夫經飭禁該縣何得尚踵
前弊縱役累民大屬不合仰布政司嚴行查禁仍候本
部院通飭曉諭一體革除等因奉此查藉差勒派夫經
前撫憲及本司通行飭禁在案該縣何以尚踵前弊縱
役累民大干法紀合行嚴查禁革仰府官吏文到立即
先行出示嚴行禁革等因奉此當差勒派夫經各大憲
並本府嚴行飭禁在案茲慶邑民陳光梅等具控乃尚
有不肖書役仍蹈積習肆派累民深堪痛恨除飭縣查

撒詐冤外合亟出示嚴禁爲此示仰闔邑書役及夫頭人等知悉自示之後各宜恪守律紀毋許藉差滋擾派累閭閻設遇差徭俱公平僱用毋得違例勒派鄉民倘敢陽奉陰違仍蹈前轍定即嚴拿按律定罪本署府言出法隨斷不寬貸各宜凜遵毋違特示

右碑於乾隆五十九年六月二十四日由府給發鄉縣李寶堃奉文傳諭邑民於縣門前五都坑口竹口等處勒石示禁永垂不朽

補刻宋故吳居士墓誌銘 此宋碑係郡學李學師採入續刻金石志

宋 吳昇

吳居士諱淡字子通處州龍泉人也少嘗爲學以家貴不暇進取爲人和易樂推人善罕與物較撫養諸弟最隆于友愛父母沒喪事既終而不忍析業相與聚居迄今十年三弟愉順執事長之禮比於事父而昆弟之和尤爲識者稱道故雖生事日滋而居恒於家事一無所預包容幼稚勸率閫內其外推所餘以賙貧乏又其外則與宗族閭里相從宴樂談善事而已議者以謂莫非

有命父子兄弟之閒雖堯舜周公不能保其皆善方其
家勢浸隆則昆弟相與同其志力得非天意雖然以君
士觀之則又在人而已此古人有不謂命者在是歟竊
嘗謂以善人行善事於三代之時皆以爲常而有不復
見於文字以傳於後世者及乎世衰道微而彼善於此
者得書於春秋蓋物或以多而見遺亦或以少而取貴
夫以衰世之小善又安足以較三代善人之所爲特以
時所宜録故雖聖人有不能棄者則善惡輕重雖古今
大公不易之理至是亦不可以定論求也如君士所爲

不[illegible]
五年十三月十三日[illegible]享年五十三[illegible]七年十[illegible]
源鄉之[illegible]以祔[illegible]南[illegible]
者[illegible]三[illegible]長[illegible]長[illegible]長[illegible]男四
友銘曰[illegible]
乃刊斯銘於壽永藏

奏文

請予議敘尚義疏　　國朝巡撫　劉彬士

爲尚義輸捐詳請具題議敘事文選司案呈吏科於道
光九年六月初四日吏部抄出浙江巡撫劉彬士題請
議敘一本該臣看得定例士民人等捐修公所及橋梁
道路實於地方有裨益者由督撫具題造具事實清冊
送部其捐修至千兩以上或田粟准值千兩以上者均
請
旨建坊如有應行旌表而情願議敘者由吏部定議給與頂

帶禮部毋庸題請又各省地方遇有修築城壩義學社倉等項公事紳衿士庶有樂於捐輸至三千兩及三四千兩者題請從優議敘等因遵照在案茲據布政使慶善詳稱慶元縣增生姚鸞樂善好施修建各項工程並置義田捐義穀共計四千七百餘兩洵於地方實有裨益據府縣取具事實履歷冊結詳請照例具題從優議敘等情到司相應據情詳候察核具題等情前來臣復核無異除冊結送部外理合具題伏乞

皇上

聖鑒勅部議覆施行等因奉

旨該部議奏欽此欽遵抄出到部後該紳士所捐銀兩業由該省給予區額者毋庸再給予議敘外應將捐銀三千兩以上增廣生姚鸞給予州判職銜等因具題於道光九年七月十四日奉

旨依議欽此

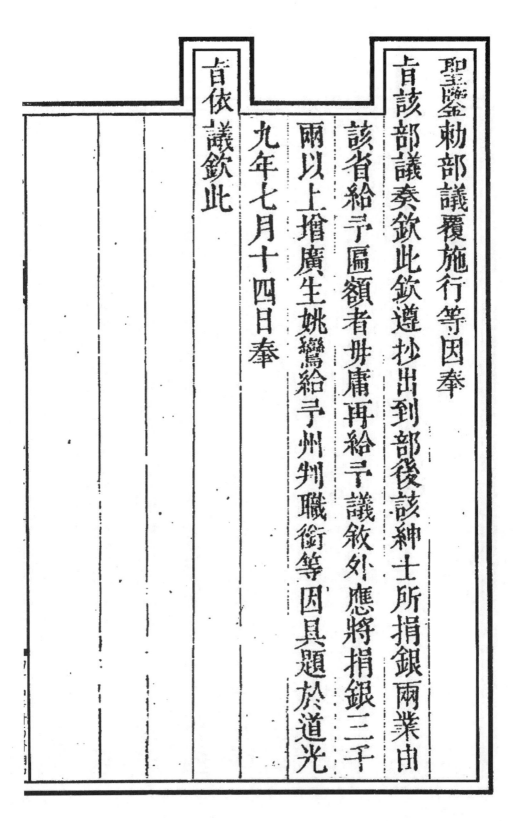

箴

書濟川中宅祠堂四箴　　當湖陸隴其

父子箴

子孝父必寬斯言誠爲確不患父不慈子賢親自樂父母天地心大小無厚薄虞舜曰夔夔瞽瞍亦允若

兄弟箴

兄須愛其弟弟必敬其兄勿以纖毫利傷此骨肉情周公賦棠棣田氏感紫荆連枝復同氣婦言甚勿聽

夫婦箴

夫以義爲良婦以順爲令和合貞祥生乖戾災禍應舉案必齊眉如賓互相敬牝雞一晨鳴三綱何由正

朋友箴

損友敬而遠益友宜相親所交在賢德豈論富與貧君子淡如水歲久情愈真小人口如蜜轉眼若路人

詩

五言古

石龍山

蔡祥

石龍何蹲踞不飛向天去一口汲寵川吟臥蘗峰邊問仙何年始鐘鼓掛龍耳高高龕之前松亦老多年松子落無數其聲疑驟雨碧磴淨無塵苔花繡冬〻春汲泉烹石髓搴芳拾霜蘂水雲氣吹餕[illegible]六眠餐龍頭明月小龍尾烟雲繞

斑岱山

吳王鐘

萬斛雲濤響白練掛秋空石簇聲飛吼曉日射長虹鳥
啄時疑雨猿嘯不知風但畀匡廬趣世途塞亦通明珠
常噴薄皦八用不窮終願歸江海長辭泚濁中

松源川　吳王賓

川勢百千曲濤呼萬古清松老雲氣結龍吟不斷聲誰
作濟川手渡弓一葉輕岸邊水高濁風活浪正平竹裏
人家小晴峰揷天明沙邊鷗鳥宿朝暮與誰盟

前題　知縣　劉璺優

灣灣復曲曲踏遍古松源川水清且淺夾岸鄉成村

雲鶴堂　本府知府高　超

我來雲鶴隨我去雲鶴依蓬萊尚咫尺何天不可飛

前題　知縣關學優

雲是常時任鶴今飛何處須知鶴與雲無心任來去

石龍山　知縣關學優

登山山嶇嶂蹲石石嶙峋恍惚龍變從忽屈復隨伸龍首昂百尺俯瞰城之闉龍尾曳千丈環匯河之滑有時雲欲起石怒裂其根有時激乍吐山淨潔無塵問松何年種都忘漢與秦松老龍亦老片片垂蒼鱗豈知龍有

嵓別開洞中春山石自今古賞識曾幾人

鶴仙閣　　知縣　闞學優

禱雨雨卽至羣道仙有靈依壇搆傑閣千壽接青冥月靜鶴爲馭風高雲作軿去住渾無定經歲戶不扃

同韋齋山遊石龍山同壤宵治具招飲豐樂亭

本府教授　張　駿

松源授客館坐評對石龍經旬沮靄雨但見青濛濛今晨忽開霽游興乘清風出門占同人杖策欣相從曲磴鎖蒼靄來游皆虬松孤亭山之半[illegible]亦

龍旂一一朝其宗載登梵王殿飯後罷撞鐘壺觴辦嘫
嗟羅列肴何豐循環縱拳博奕載交談鋒餘酣瀲仙井
甘冽開心胸歸欺發長嘯斜陽掛高峰

登半天嶺　王元衡

高峰插蒼天標奇五岳外攀緣登絶頂始識乾坤大呼
吸帝座通彷彿聞仙籟俯看波瀲漘百川若交會日出
萬象澄清風掃埃壒乃知舜禱下方雲靄靄

七言古

石龍山　李時芳

石龍山色何籠蔥芙蓉片片開晴空蜿蜒迤邐下林麓惟石壁立倚長松長松聲聞元帝闕石龍昂首如端笏梵宮林樹鎖昏霞清磬疏鐘隱曉月懸崖小洞可藏春修竹斜穿苔逕勻仙人長臥不知歲閱盡世上古今人借問佳勝誰闢剖南國樊公五丁手搜奇歷歷到如今可比柳州柳太守躡屐不盡看山杯凌虛作賦日徘徊山靈于今重生色令人千載仰鴻裁

巾子山

徐道源

八月二十有五日雲起薰山甚奇特烟妝四望碧天晶

忽見空中呈五色初如飲澗一長虹倏變彩橋三道[illegible]
北山之北巾子峰橋跨兩山幾千尺仙人秖駕圖不然
亦是鄉閭好消息春風早晚狀元歸先是辟光動塵府
後來接武應有人寄語吾儕勤着力

松源山　　季灴

環城山作障松源山更奇虬松老歲月不辨秦漢昔古
柯凝化石干霄雲影碧亭亭積翠綠生烟斜曛返照幻
蒼赤一泓澄澈寒潭空林際殘陽倒影紅千却翻火傘
山麓一曲清歌調晚風君不見古來名勝淘多美物色

無人終爾爾又不見予辱當年好樓奇名山總古稱知已我來登眺復啣杯一派松陰入望來胸襟共醉松山下新月盈盈照曉回

百丈山　　吳運光

百丈高峙城以北霞崖雲樓深莫測千峰萬峯插層霄長天倒映青紅色我來振衣越其麓絕頂摩天一極目崖泉飛雨白日寒烟山點點皆峯伏惟有層岩香霧新當年蛻化玉爲人蛾眉不受人間妒採藥山中別有天一自青虬入丹府鏡色埋秋光無主石磴猶留[illegible]

林梢彷彿霞裾舞君不見名媛幾許藏金屋百歲星霜掣電速但見蒿邱卧麋鹿何如身乘彩雲歸名伴山青與水緑

前題　余鈞

層巒四塞割昏曉百里山光青未了惟有城西百丈山一峯獨俯羣峰小靈石嵯峨高千尺中有懸崖與峭壁高磴危梯躡飛禽晴日當空真蒼赤我來覽勝方年少一觴一咏一長嘯曲徑通幽多白雲龍湫古井恣登眺憑誰指點覓仙蹤刀尺履痕石邊逢竟日探奇奇何限

烟嵐杳藹若爲容自來勝地尋幽草萬籟沉沉秋覺好
名媛一去幾時歸空山無人終不老

白馬山　吳王賓

東山矗矗奔雲下行客傳呼爲白馬雲生毛鬣向風嘶
霜蹄蹴踏花滿野山花爛熳穿林綠錦韉雕鞍馳駿足
隔溪啼鳥奏清聲夢回馬上聞新曲吾聞茲白之馬來
西方萬里一息恣騰驤局促轅下詎足數胡不追風逐
電如飛黄

百花巖　吳麗朗

危峰孤高勢洞出韜霞摶雲礙白日我攜笻杖躋其巔
萬山攢翠森森立高臺落星橫千尺不見黄冠相對來
崖邊靉靆舉流雲石下檝坪撑恠石流雲恠石掩蒼苔
昔年樵子不歸來金檻綺樹知何在但見燦爛百花開
花邊野徑鋪秋色姹紫嫣紅紛似織依稀當年洞口來
散落山南并山北

將軍嶺

吳勳

天上何年落將軍憑高踞險勢凌雲無邊壁壘蕭蕭合
四顧旌旗冉冉聽我今且隨將軍度黄茅白葦紛無數

墮馬巖深踏寒雲，落魂澗曉迷烟霧。一墩過盡復一墩，回頭不見嶺南山。憶昔戰敗馬陵道，而今且過鹿門關。將軍對我黙無言，鄉校疾走真可憐。汗流浹背猶未已，道逢梅樹口流涎。我願將軍聊駐馬，豈願將軍數舉鞭。行盡六步與七步，直陟關頭分去路。將軍送盡往來人，坐鎮烟嵐億萬古。

前題　劉光魁

巍然大嶺名將軍，邈想高蹤跳千青。雲壁壘重重勢巖肅，棘門灞上何足云。眾山嵲嵲如慴伏，校隊駢羅紛部曲森森萬木植戈鋋，長松千尺元戎纛。野花艷艷遶山隈，如葉如火紛作堆。兜鍪切雲長纓麗，赤甲耀日金鱗開。時清百室皆安堵，從此將軍不好武。各山有約儘盤桓，數聲啼鳥來花塢。

遊石龍山　　教諭　章觀嶽

石龍山高登半天，雲日暉映共畱連。横空直上勞躋蹬，俯瞰村落萬井烟。松濤入耳風嵒聲，層嶺奇峰類劍鍔。山中忽遇賢主人，危亭把酒樂日落。與酣欲作竟日遊，仰觀飛鳥鳴啁啾。摹碑淡字尋古跡，豪吟長嘯山之幽。

昔賢詩句教我讀流覽篇章珠百斛山僧不識何姓名
羽客仍披古衣服君本甌江慣乘船忽來此地遊逍遥
海門烟水空萬丈不見扶桑聽採樵

謁陳夫人廟

訓導　胡會舉

城闉有廟崎山麓歸然新宮嚴遥矚古柏參天黛色濃
柯如青銅盤屈曲森然魄動語仙靈廟令言是陳夫人
古田有女行十四生而正直没爲神夫人降生唐大歷
宋封順懿褒坤德閩嶠威蒙呵護靈澤淵更荷吹煦力
廟宇不知創何年萬歷重脩故老傳神光爲孿歷以遠

歲時致祭禮爽愆祈禳報賽紛士女酒清於瀆殽烈烝
雨暘時若疾厲消更有孚賽神賜與紅花釀面靦中閨
夫人之靈陰佑之日裹風前紛跳走暗中神力爲扶持
衆心感戴神功濟廟貌重新闢堂宇文楹鏤檻填青紅
璇甍高敞爲歌舞日之吉兮神出遊耀雲旌之兮揚縹帶
華鐘聲鏗鼓嘈嘈燈光艷艷明山隈廟後青巒勢嵂崒
廟前溪水青瀠洄山高水長爽終極萬載千秋綿血食

登半天嶺　　李學勤

古云地之去天億萬七千里有奇荒唐之說殊可疑詰

將尋丈細揣量上窮碧落下平坡嶺各半天復何據云

言峻絶無等夷積雨新晴秋氣爽同心數子摳衣上巔

見履底後見頂石級砦嶙峙攀援高四望迴無垠邐

山巔另羅兜孫纔纔恍聞仙樂奏翕忽如見雲旗翻吾

聞宗動之天爲最高剛風日夜鳴謂刁此嶺已在天之

半森踈萬木蟠蕭蕭神寒骨冷不可以久駐如何九垓

之上恣遊敖

五言律

薰山　　知縣 [illegible]

極目叢峰麗遥遮隱翠微經春山作黛積雨石生衣壁峭捫蘿磴樹深認竹扉仙橋何處渡冉冉白雲飛

石龍山　　知府胡茂源

忙裏登山快囂塵滓此間摩穹雲影落捫壁石苔斑樹杪烟浮碧雲流鳥度翠登高游作賦新月壓眉彎

串子山　　程維伊

彩雲五色分蒼莽氣氤氳嶺上迴巒色溪中映水紋參差餅綵錦聚散布元纁莫漢濯纓出巍峨渡夏雲

百丈山　　吳潭

烟靄封谷口轉憶武陵源峭壁雲光瀑迴溪雪浪翻鐘

聲清籁虚鳥影破烟昏地僻堪留憩寥天掛月痕

題龍湫　　吳希點

懸河雲半落誰擘巷岩開瀑吼山疑動濤奔雨忽來飛

花侵點筆濺雪照啣杯康樂空躭勝靈郎翳草萊

前題　　訓導　戚光朝

兩崖懸峭壁古色老秦松嵯石疑蹲虎寒湫隱蟄龍瀑

聲驚雨過竹逕借雲封坐久寒侵骨遥聞滿寺鐘

蓮花山　　吳自明

極目蓮峰勝清猿到處聞是泉僧作雨無石不生雲
席松陰合侵衣竹色分此間非捷徑安用北山文

烏蜂山　　吳鏐

數峯危巒上巍然變大觀村烟來一色泉壁響千端雲
淨滿天澗風高白日寒此中堪小隱誰道出塵難

溫洋山　　葉上選

青林連海嶠鳥道逼天高古洞長留雪蒼松屢吼濤香
菰峯野蔌鮮芹采溪毛別有仙靈藥誰誇阿母桃

廻龍山　　周貞一

紆曲千盤嶺，高高雲氣涼。崖泉翻雪浪，石骨傲冰霜。嫩竹迎人綠，飛花繞殿香。清齋禪誦久，歲月坐來忘。

淘洲川　吳鏊臣

白雲侵竹徑，綠水夾淘洲。野燒光連曙，疎林響帶秋。危橋欹野岸，廢寺接荒邱。不奈溪流淺，無因泛小舟。

鏡潭　吳世臣

選勝臨東郭，霏微翠欲霑。空潭澄玉鏡，飛瀑散珠簾。竹閣褰書幌，花村颺酒帘。漫愁歸路晚，林外月纖纖。

石龍山大士閣　周宣明

高閣俯丹梯攀林路不迷翠屏環列嶂雲浪漫迴溪巖
岫看雲出長松聽鳥啼終朝環坐嘯日色漸沉西

望京臺　李海

層臺百尺餘縱目徧村墟幽思詩陶寫閑愁酒破除憑
臨春雨盡柳帶暮烟疎何處是京邑迢迢望碧虛

桃洲溪　教諭徐應亨

一官成吏隱何處問桃源野館雲爲屋山家樹作籓
烟遙過雁松月照啼猿最愛東岩水晴沙映日暄

普化寺　江南華

蒲團禪意好來坐適閒情夜月明無相晨鐘寂有聲奔
天雲絮靜呪鉢火蓮清默默時標指萬緣一粒輕

莊嚴寺　　　　教諭張　晋

寥落前朝寺香臺幾廢興秖聞還舊觀誰爲續殘燈經
藏無完帙齋堂有老僧仙禽誰説法不必問迦陵

淨悟寺　　　　葉方齡

年來빊寂寞古寺縱遊情遠望萬松色近聞一磬聲巖
雲常作侶壑鳥自呼名靜坐蒲團上心同山水清

淨心寺　　　　周班祿

十載參禪意不離一淨心翻經禪佛火分粒向山僧
看餘中影經傳燈外音茶鐺留我處眠日更參禪

大覺寺　　　　　　　　　　　　攝官　顧大典

欲識寧中趣來爲野寺行空門諸品寂覺地一燈明雨
過尋翻苔林深鳥亂鳴老僧相指顧不解有逢迎

雲鶴堂　　　　　　　　　　　　李　灯

傍郭開遺社悠然別有天人煙浮竹外粉堞掛山巔僧
老存松性茶香沸鉢泉登樓閒徙倚坐月可安禪

白蓮堂　　　　　　　　　　　　姚春榜

九春遊勝地呼杖一相尋驚鳥鐘初響藏雲竹欲深薄寒齋水氣幽靜見禪心我欲聯詩社臨風幾度吟

前題　吳啟[illegible]

癖愛逃禪地穿雲載酒行山圍四面綠泉瀉一泓清撫爾潑苔色松風度磬聲北窗時獨詠猶憶遠公盟

楓林庵　葉爲章

乍雨溪聲壯新晴度石矼遙青連古寺飛翠撲高窗鳥下鳴齋磬僧來樹法幢不須聞半偈早已片心降

萬松庵　陳觀德

蒼翠萬松包薜蘿齊掃俗氛塵過花驛醒寒到鳥知聞暑
日冷於月午風淡作雲來客僧獨占清泉與平分
雲泉庵　周自興
松竹補高峰雪消春始暖泉流寺草芳幽鬱碧泉繞寺
僻老僧閑花殘嬌鳥懶袈裟曬日晴方丈閑雲藹
勝隱庵　吳王賓
千嶂簇芙蓉崢林翠幾重斷崖飛雪瀑怪石起雲峰松
吹流清梵猿啼帶野鐘禪心何處覓不住是真宗
百花庵　周璇誥

西風吹杖履逍遥瀲灧紅社近催歸燕秋深下旅鴻依踪留翠巘丹訣乞黄公咫尺瀛仙嶠無勞問海東

前題　　周明新

春覽靈巖勝趣刪薦斛愁刹孤鐘正午花滿樹非秋絶壁佛龕臨遠雲仙路浮野鶯陪嘯咏莫笑雪盈頭

伏虎庵　　吳松年

松關重復鎖清境絶塵埃殿迥涼雲駐窗虛皓月來微風過竹嶼淺水遶山隈勝景供幽賞盈愁夜漏催

前題　　吳夢犀

覔春閑野步尋燕雙溪聲勸鳥爲山主要松與竹盟風
巔花未發雲嫩雨初晴事可圖三笑渾忘此一生

清隱庵　葉中桂

遠嶠攀初月曉鐘一水問[illegible]雲南[illegible]僧頂寂
寂春堪夢依依我共山心[illegible]獨[illegible]樹

前題　李　[illegible]

到此全無暑著南風洗客愁煙生迷竹綠響細愛泉流心
與雲俱淡人偕山共幽只須生橡栗此外亦何求

天堂庵　陳之錦

深竹隱巖扉晚鐘度壑微猿啼山月出犬吠寺僧歸桂影臨窗動泉聲遶榻飛西來意何限色色演禪機

前題　劉作愷

何處尋蓬島孤峯差可攀野雲歸澗底曉日逗林間客到茶初沸經翻石未頑登臨還嘯咏松月滿禪關

普濟庵　吳王選

翠巘叢儒桂蒼嶂覆女蘿山光晴愈遠谷響夜偏多說法依龍窟棲禪傍鳥窠老僧殊眷客何日許重過

山岡庵　吳王鏵

石以凌風起盤廻境若疑逶迤分鳥道浩蕩接雲旗碑字菩文古僧聾答問奇一泓清可鑒彷彿報鬚眉

慈容庵　吳貞臣

巖竇藏古刹石徑繞溪行雨剥殘碑暗雲開遠岫明鳥隨秋葉舞猿雜曉鐘鳴正喜僧居寂棲禪斷送迎

盤石庵　周九苞

愛此禪居好登臨曉氣清有巖皆古色無樹不秋聲竹裡僧同坐窗前鳥自鳴已忘塵世事但看白雲生

石龍山三官廟　吳之球

山高堪遠眺，崖際隱孤城。鞏動都歸靜，崎途一望平。人家連水色，霜樹有風聲。耳目何超曠，渾忘世俗情。

順濟祠夏旱謝雨　知縣　程維伊

雲容薰峰暗，甘霖正及時。郊原清暑氣，隴畝發華滋。澤潤千畦稻，功垂萬古碑。寄言仍叔子，不必賦周詩。

戊午秋日登石龍山　教諭　徐宏坦

龍山秋更好，九日趁斜暉。刈稻千家靜，亭空一雁飛。酣歌忘帽落，冷卧識雲圍。早報僧黄插，加觴且未歸。

偕諸子遊石龍山　姚長淳

首夏龍山上到來豁遠眸雲峯開絶巘曙色落青疇攢樹千家小繞城二水流還忘足力倦相與記斯遊

謁馬夫人廟　　訓導　胡曾肇

何處昇仙去言從百丈山逶迤留石徑縹緲失烟鬟名列金銀闕靈昭毦栝間蘋蘩時一薦勝境擬登攀

竹口署漫成　　知縣　關學優

昔年聽政地幾樹布棠陰愛我婆娑久增人感愧深背辭陏運甓難得宓鳴琴不寐自終夜前山月滿林

過劉殿元墓　　關學優

人已委荒邱名仍萬古留文章推宋代政績著綿州石嶺寒烟淡巾峰瑞氣浮間謌起後與繼前修

過陳尚書故里　　闞學優

倐爾高飛去雲霄破幾重羽毛誇似鳳頭角儼成龍名以天官著靈因地脈鍾至今竹溪水猶自繞青峰

七言律

登石龍山絕頂　　知縣　李肇勳

岩花野草露漙漙絕壁蒙籠竹萬竿携杖尚誇腰脚健振衣直逼斗牛寒數聲清磬來丹府一片閒雲罨石壇

漫道仙凡終自隔，于今拔宅可同看

登石龍山　　季烺

石龍昂首幾千尋，飛閣凌空覽古今。廬舍共欣霑闓澤，郊原更喜渥甘霖。松巖月映高低影，竹徑風吹斷續吟。自媿鯫生材譾薄，許同攀躋樂難禁。

次季生韻　　知府　孫大儒

淨土人間何處尋，石龍勝蹟古猶今。攀登未必遂高蹈，游息還思沐法霖。霧隱花斑看豹變，松搖風韻聽龍吟。斜陽忽聽鷓鴣語，便覺淒其不自禁。

登石龍山　　李鍾僑

冢對龍山看未足，興來獨上最高峰。四圍遠岫雲光叢，一道長溪雪浪衝。竹爲雨餘青似染，松經霜後翠偏濃。人烟燦燦康衢樂，歸路遥聞古寺鐘。

遊石龍山　　知縣　程維伊

嶙峋㟂石象虬龍，直駕青雲接九重。一抹斜陽明遠岫，千竿修竹刻孤峯。林間好鳥風前囀，巖畔繁花雨後濃。景色流連吟不盡，歸來遥聽暮村鐘。

前題　　知縣　鄒儒

石龍曲折逼雲巖，偶值公餘到幾回。問俗有心尋古跡，逃禪無計託僧媒。一城烟火愁中看，萬疊溪山夢裡開。兀坐危亭茶盞熱，渴腸怕見酒杯來。

前題　教諭　章觀嶽

幾年夢寂絕貪嗔，筇屐閑遊老此身。越嶺高盤垂鳥翼，攀松直上踏龍鱗。烟嵐翠滴山中景，猿鶴音清物外春。愧我未能忘世味，雨花臺畔漫逡巡。

九日登石龍山　吳鑾

我契前賢愛此臺，每逢重九劇徘徊。亭中作賦烟霞集嶺上舒懷眼界開，霞帔雲山皆北向，仙莢風雨自東來。
蔡蓂遍插恩無限，浩刼鐘聲任曉催。

康熙辛酉春月　李爻師集諸生於石龍山肄業，每逢二日躬臨衡文，奉陪一豫亭

吳銓臣

光風萬里拂春臺，石磴千盤恍接台。下楊自懸孺子望，揮毫共識謫仙才。嵐烟漫向南溪合，花氣還從夾道開。人坐松巔雲路近，論文樽酒溢瓊杯。

前題

李灴

龍門咫尺接金臺燦爛文星映上台胸有智珠光滿座
筆懸藻鑑課羣才蒼波萬斛誇奔湧翠巘千層倚郭開
雲裡依稀仙可問鳴琴一曲笑啣杯

前題　　吳澍

亭高鳥外石爲臺何幸登龍近上台崑玉凝姿驚蘖操
莊鵬奮翼樂英才風淸百里琴聲遠地擁羣山靄色開
試問文翁化蜀日曾多旨酒泛霞杯

前題　　吳崧年

烏織花封香滿臺聲名久已列三台自慙琢月非長技

且喜登龍有儁才較藝元亭岩壁下載觴曲徑洞天開
遥瞻紫氣飛雲外應上龍山泛酒杯

前題　　周九如

一曲鳴絃出帝臺明星炯炯動三台衡文羣作登龍望
造士能爲吐鳳才澤沛蓬萊朝雨合春迴黍谷夕陽開
鯫生徒抱緇衣好且向山亭獻壽杯

步龍山諸兄前韻時辛酉上巳辰也

知縣李貞繡

家山之麓有金臺出宰何由列上台毋勸羣生勤爾力

貢求多士竭吾才月來天上文心靜雨過岩前眼界開
羅雀庭閑無箇事喜君招隱且啣杯

其二

城闉幾曲上層臺羅列書帷近帝台五夜鬪藝知爾志
十年作賦愧余才延陵有後諸與出南郡無蕭一葉開
今日登山饒酒興魏黃不遠又燕孫

前題　　　　　　　　訓導　葉　榮

泰山雅望著瑤臺司命文章列上台製錦花封多實政
作楨　王國育英才自慚振鐸鱣堂冷且喜登龍石室

開諸士淩雲應有志秋香擬泛鹿鳴杯

前題　　　　　　　　　　　　葉如鐸

花滿龍山月滿臺文星爍爍聚中台凭欄盡是登龍客入座都稱作賦才問字人從松杪出載觴鑑傍竹陰開羅源多士頻投轄漏永猶傳濁酒杯

九日登石龍山豐樂亭步李公韻　知縣　王恒

兩度登高到此臺倚欄身欲近三台論文舊有詞宗客選勝新饒武庫才拋值豐年欣俗厚時逢令節喜樽開滿前康樂堪娛目況是黃花泛酒杯

前題　　教諭王炳

佳節聯吟擬栢臺懸知此樂勝登台參軍能啸凌雲筆令尹松源製錦才亭額兼因豐歲易酒筵客值賞心開臨風悵望偏聯隔座上應餘北海杯

前題　　訓導程玉麟

幾度招尋到石臺攖心疑已入天台欲期我負登龍約紀勝君誇倚馬才美盡東南欣座滿風占場圃恰軒開醉翁樂意非關酒百室盈寍倩此杯

大士閣　　知縣樊鑑

萬樹松杉氣鬱葱碧雲深護梵王宮躡虛恍見飛壺客
躭隱疑逢喚鶴翁絶巘登臨齊瀼近四圍眺望海天空
婆娑醉向巖邊卧身在蓬萊烟靄中

大士閣　　知縣李肇熙

半間佛閣俯層城閣説高人此隱名入座曇花欣其對
飛空松翠若相迎岩邊煮酒頻催句山外傳更漸有聲
寒食可憐煙火寂挑燈遥見野雲平

大士閣　　西湖王功

閣外千峰擁坐隅龍門曲徑轉縈紆登高授簡才俱俊

覽勝飛觴興不孤自昔登臨多雅客至今託契重蕭朱
郎看避暑傳河朔把臂何妨逐酒徒

問仙亭　　知縣　李肇勳

不須衫履不須巾太古遺衣一散人最苦儒書增俗累
閒邀雪月結芳鄰蒼松鶴跡留丹竈斷續龍吟接暮闉
進火明朝傳上苑千岩花柳共精神

問僊亭　　江右　湯開遠

石龍高嶺鬱崔巍千里遊觀亦壯哉天外斷雲開遠目
林間皓月映深盃登山我愛青松色作賦君稱白雪才

日暮高臺聊徙倚一行歸鳥入林來

前題　吳勗

秋高躡屐倚岩扃泛菊何辭醉復醒雲際鐘聲黃葉寺月中山色翠微亭繞枝飛鳥何時定深樹啼猿不忍聽偶憶謫仙還自問一編且讀蕊珠經

前題　知府孫大儒

山門仰首覲仙庭鶴駕何年駐草亭岩畔花開旋復落岳陽人醉幾時醒白雲詩句留煙雨瑤島鸞音隔紫冥對酒長歌非鐵笛凡躬猶作玉簫聽

樊公祠　　知縣　李肇勳

自慚涼德守殘疆，節序遷移見舊棠。當日古碑猶可問，千年俎豆常相將。壇依伏虎風生戶，眠對石龍雲作鄉。圖畫滿前須領畧，新茶早已熟西廊。

百丈庵　　周九如

絕巘臨登着屐行，幽情乍向境中生。半林霜葉猶含態，幾處巖花不辨名。竹裏看山添翠色，泉邊聽鳥奏音聲。歸時倦臥西窗下，四壁微涼一枕清。

前題　　吳鏐

暮山四望氣氤氳，蕁盡苔痕石上文。古樹亂鳴將宿鳥，禪房半掩欲歸雲。無邊野景閑中得，一派秋聲靜裡聞。解識真如空色相，何妨木石與同羣。

百丈山　知縣鄒　儒

東風吹暖散春寒，催向仙峯縱一觀。人眼林巒疑夙夢，任情笑傲喜休官。山茶紫樹堆霞片，瀑布懸空濺雪團。風景此中真箇好，三年回首倍漫漫。

又　鄒　儒

入來一望便欣然，信是山中別有天。樹老化龍[illegible]

岩深引鹿伴花眠鏡臺鎖月仙蹤在韡跡蹊雲吏亦元

兀坐懸崖成默想幾時叢玉了因緣叢玉洞在尋艶石城山內多仙蹟

馬仙墓　鄒儒

奇撥百丈遍雲峰蛻化堆遺第幾重淨掃紅塵無點垢

倒垂籐樹已非松杜鵑處處啼寒食澗水朝朝咽墓墉

羨煞仙媛真孝女千年馬鬣寄奇蹤

石梯嶺　吳貞朗

林巒盤紆竹樹幽遥看溪浪雪花浮梯痕近覓升高處

石級斜通最上頭瀑落層岩飛疋練寒生六月似深秋

匡山漫詫銀河水，此地還誇百丈泓。

霞帔山　　陳箴

何年神女下人間，霞帔輕拋化作山。朝露融融梳石髮，澗梅點點綴雲鬟。岩邊翠色分眉黛，谷口清音響珮環。我欲披奇頻躡屐，悠然相對樂清閑。

天馬山　　知縣　程維伊

天馬岩嶢佳氣殊，象形宜入瑞靈圖。騰驤欲騁追風足，蹀躞寧同伏櫪駒。雲彩繽紛疑錦韉，花光爛漫擬流蘇。道林過此應心賞，買隱何嫌山徑紆。

巾子山　　教諭徐應亨

巾子峰頭駕彩虹，薰山一道徑衣通。霓旌冉冉飛青嶂，雲蓋亭亭擁碧空。仙仗依稀羣玉館，帝闕咫尺太微宫。先朝盛事誰當繼，多士應收萬卷功。

偃桃山　　吳倖

崔嵬峯突兀紫烟開，空翠濛濛拂袖來。山際近看疑雁宕，石梁遥度憶天台。春歸別圃叢花發，日落高林衆鳥回。斗酒不禁詩興劇，秪今誰是謫仙才。

鳳凰山　　季叔明

比翼凌霄勢欲飛，晴空躡屐攬清輝。石經夜雨莓苔滑，徑着秋霜木葉稀。南接慢亭仙窟近，東瞻雁宕海山微。何年蹤此吹簫去，五嶽登堪一振衣。

棘蘭峯　　季烽

棘底蘭香景最幽，乘高躡屐足遨遊。輕烟細細朝連夜，薄霧迷迷夏復秋。絕巘行人天上落，懸崕古隘水中浮。樓頭畫角當空盡，夾岸風清聽鹿呦。

青峰山　　周宣

寒巖寂歷逈生煙，絕頂岩嶢高接天。曉色披雲鸞宿鳥

秋聲穆雨入鳴蟬尋幽試覓豐干室攬勝還探慧遠泉是處溪山堪寄跡結茅應老石橋邊

天梯山　　吳其瑛

巖巖山勢甚崔嵬峭拔丹梯接上台紅日早從低處起白雲時向下方來孤撐絕頂高無匹斜擺羣峯亂作堆攀陟不嫌千仞遠懸崖既望軼塵埃

屏風山　　吳文顯

西南掩障欝屏風砥柱槎溪誰與同獨立凌霄推勝概高懸絕壁倚遥空多疑匹亘五丁鑿直受愛昏巖一徑通

謝客如何不到此拾來好景與仙翁

青峯庵　　吳王枚

倚天高刹勢雄哉雲際遥看殿若臺花落溪聲風作雨
瀑經斷石怒成雷松篁籟發猿聲合島嶼煙消霽色開
最喜空山明月夜數聲鐘梵上方來

雙溪庵　　知縣鄒儒

遶石探奇古寺西脩篁曲曲度雙溪竹松青裡桃含笑
泉石聲間鳥亂啼閣峭自來雲作伴榻孤偏與月同棲
禪關深處塵緣斷欲結團瓢傍澗低

又　鄒儒

塵事匆匆興未闌，偶從方外訪蒲團。四圍山鎖禪關路，兩股泉翻偈語瀾。自愧東坡無玉帶，擬從玄漏覓金丹。他年莫負溪頭笑，請看淵明已掛冠。

勝隱庵　吳還光

乘興登山景物清，草庵小憩俗緣輕。石多幽靜忘今古，雲自癡狂懶送迎。斷壁猿呼千壑雨，空天鳥度萬峯晴。閒心尚欲尋泉脈，忽見林東月已明。

百花庵　李艮璣

聞道仙巖燦百花春風芟屐入煙霞薜蘿侵石徑緣溪轉
竹遶山隈傍岸斜曲塢幽深藏佛閣逶迤隱約見人家
向來靈蹟未湮沒方信丹臺路不遐

準提庵　　知縣　李肇勲

花雨繽紛灑佛堂倚風修竹戛青琅溪流漸漸通閩海
山勢層層遶括蒼背色求眞參法諦乘虛得靜見慈航
何時共結蓮花社池上爭看五色光

亭湖庵講席　　季　照

溶溶溪水遶亭湖舊院新修等畫圖滿座風光金色相

廻廊月映玉平鋪氣清頓覺山川近物格方知上下宇

萬象森羅皆幻境沙彌石上聽講書處

福興堂　　陳祚

僧寮寂寂仙蹤閟舒卷雲霞護梵宮片月照瓶林光瑩徹

風翻貝葉影玲瓏山容如畫當朱戶爐篆生煙裊碧空

蒼狗白衣多變幻闍黎臥起日方中

六如堂　　葉嵩

松花香氣落青藤雨潑芭蕉破六會蓮社有詩傳慧可

魚山何法繼盧能樓頭喃鳥窺春草龕口飛蛾守暮燈

領得薰風清磬響，一杯茗汁出高僧。

福善堂　　吳南明

勝日郊原攬物華，東山廻映野雲斜。春歸陌上多芳草，雨過林間有落花。徑繞溪聲通佛刹，坐依松影見人家。酒酣嘯咏俱成趣，移榻何妨就淺沙。

甘霖堂　　吳其玉

一到禪房百慮寬，甘霖古寺倚層巒。松杉蓊鬱饒奇色，棟宇輝煌壯大觀。簷蔭雲影靜，風來竹塢鳥聲歡。憑高四望情何限，檻外長流作帶看。

石龍寺　　三楚毛炳

偶爾尋春到此間一時俗慮總全删溪環北郭浮龍石寺枕西峯對象山雨雜松聲鳴梵閣烟含竹色隱禪關却憐作客他鄉久日暮偏看倦鳥還

又　　吳如公

焚香日日坐蕭齋合掌瞿曇更愴懷門俯放生潭水活壇爲度衆法筵排天花半墜游龍窟梵偈遥依伏虎階普濟慈航曾有約于今宿願幸無乖

天錫寺　　姚鏵

秋老山行悲落木黄花對酒一高歌蘿徑斷壁題應徧蘚蝕殘碑字欲磨添水舊聞蕭寺鴿聽經誰識遠公鵝度江已舍津頭筏隔岸回看翠靄多

慈照寺　王錫偉

溪迴路轉落花香載酒尋僧到上方夜雨灑窗山染翠春風拂岸柳添黄靈壚漫禮菩薩像禪室空留薜荔牆莫道龍宫久消歇林端猶見白毫光

梵安寺　姚淵懿

翠湧蓮峰一逕斜新雲開合幾家偏登象[illegible]經[illegible][illegible]山泉

徑遶春風樹樹花清鏡臺張華齊樂淨無然誰關禁王宮化

老僧似得鹵來意雷莢頻分石鼎茶

九日補天閣弔楊公　　　姑孰　周之德

清霄雨歇應重陽一杖尋登太末黃萬井塡城山缺處

雙虹負閣水中央愁聞鴻雁傳鄉縣忍見茱萸佩客囊

此日登臨懷作者秪餘新淚濕衣裳

小蓬萊　　　知縣　程維伊

中流結屋近芳郊天下無煩論草茅勝地引人疑海島

輕雲扶鶴唳松梢燒丹爐靜春風繞採藥人歸夜漏敲

不信紅塵皆俗吏寄言詞客莫相嘲

文昌閣讌集　　知縣　陳鍾瑒

文昌靈象自天開入夜星輝照席來幾點奎光移北斗
一灣河影踐中台譙樓清漏隨風轉古刹疏鐘逐水迴
獨羨君家堂構遠紹庭應有濟川才

前題　　吳倬

萬山繚繞翠屏開閣外飛湍捲雪來拂檻桂枝侵月窟
入簾霞色近天台樽前恰聽春鶯囀花際還飛社燕迴
自喜公餘還嘯詠何人不羨出羣才

前題　徐應亨

綺閣凌空望眼開，千峰翠影拂窗來。奇天象緯臨中座，東壁光芒接上台。㶁㶁溪流經雨漲，毿毿柳色逐春迴。登高作賦懷仙令，共羨陳思八斗才。

前題　吳貞明

儷閣躋攀夜色開，星河倒影入杯來。卽看武庫連東壁，誰似文星列上台。勝侶漫誇金谷集，良遊肯羨習池迴。片雲忽灑催詩雨，點筆猶慙七步才。

九日題文昌閣　季時芳

黃花滿眼爲誰開有客招邀入坐陪廿載著書曾閉戶
八旬携杖復登臺凌雲劍氣從南吐射斗文光自北來
醉罷茱萸期後會莫教冷落少陵杯

題石龍山　　吳其偉

山形絶似笑天猊偶爲笑天傍此谿拋下一毬趨邁北
迎來雙澗又朝西圖開白澤神如畫狀伏黃貍吼欲啼
教識松間形怪石君人漫擬老龍棲

徐夫人廟　　知縣　鄒　儒

小立芳祠傍石谿青松謖謖碧蘿深烟霞一塢神仙宅

香火萬家慈母必莫訝[illegible]道已看巾幗育棠陰
幾回公事單車過陣陣淸風襲我襟

冷水亭　　葉喬林

曲澗亭開倚翠微林間返照美晴暉殷雷忽向高秋起
小雨偏當薄暮飛蘂墮蹊紅爭逐水石涵徐翠欲侵衣
勞勞客夢知何處爲許相逢一醉歸

暮春遊石龍山　　葉之苞

結伴尋芳冠與童龍山淑氣鬱青葱炎光乍到山城外
春色猶留雲樹中鳥向泉邊啼逸韻花從嶺上度薰風

登高遠眺情何限嘯志歌懷今古同

七言絕

文筆山　　　　　　　　　　　　季時英

亭亭筆勢欝龍從影醮清池氣吐虹雁陣遥分徵辨字雲箋乍展欲書空

琵琶山　　　　　　　　　　　　吳　尌

琤𤄷瀑瀑響石泉秋風嫋嫋入鳴弦翡樽坐聽風前韻疑在江州月夜船

斑岱山　　　　　　　　　　　　知縣　程繼尹

翠壁丹崖飛白波銀河一派落平坡青蓮好句今誰嗣
擕向山前擊節歌

拏雲山　　葉韻然

古洞谽谺鎖白雲春山晻靄散清芬坐來猿鳥聲俱寂
獨有飛泉隔竹聞

仙堯山二首　　知縣鄒儒

飛濤掛壁月蘸窩石上碁枰類爛柯見說仙桃紅滿樹
身非曼倩奈如何

自卯俗吏夙緣慳幾費登臨總枉然願把簿書燒欲盡

好携丹竈碧崖前

白雲洞　吳與孝

霜林淛淅葉聲乾着屐登山破曉寒磴繞七盤凌樹杪泉飛百道掛簷端

桃州溪　葉孔舒

青山不減謝公墩新碾垂綠映遠村最愛桃花臨曲澗何須更覓武陵源

棘蘭溪　夏懋蔭

蒙茸天棘蔭芳蘭碧繞層巒竹數竿長似春深經夜雨

飛流一道捲風湍

竹口溪　　知府孫大儒

溪口臨門艤繫舟當鑪止宿憩重樓參差竹樹垂簾暗婀娜香煙下榻幽

竹坑溪　　姚文娟

清流曲曲抱城迴爽岸猗猗竹影低秀色滿前飡不盡當年猶號古金溪

過竹溪　　鹽驛副使徐　綸

峯巒層疊樹陰森到此應忘出世心堪笑我今成大隱

入山惟恐不能深

石龍潭　　知縣　楊芝瑞

龍潭碧影靜涵虚龜石渾疑洛出書更羨滿秋明月夜

一泓深處漾芙蕖

銀鉢潭　　吳鳳翔

滿溪雪色湧飛湍潭影澄空玉鏡寒却似禪僧擲一鉢

箇中疑有老龍蟠

褒封亭　　吳抱素

炎節歊蒸暑氣侵暫留亭畔息層陰褒封事遠人何在

惟有青山閱古今

魏溪亭　　魏轔然

一派溪光灩灩波亭臨幽澗枕岩阿清風明月誰澄鏡

隔岸時聞樵子歌

潟火亭　　吳履亨

灩灩清波注碧川沿堤芳草更芊綿憑欄少憩渾忘倦

閒數浮鷗戲水邊

問答亭　　周渡津

花嶮危亭走野貍芒鞋踏破亂山隅披襟欲坐誰同調

掠地風來一影孤

迎春亭　李時亨

巖岸推移臘復春調和玉燭此方新亭間忽聽鳴春鳥
恰是東皇布德辰

西山頂烏石亭　吳垣

憑高一覽衆山低俯視郊村烟景迷石磴盤紆凌絕頂
白雲猶在下方棲

西山亭　吳樹駿

西山高聳石嶙峋影浸光入望新亭上白雲都掃盡

斜陽一抹照遊人

憩雲亭　吳爾虞

微茫山徑遠岩扃林木陰森草色青閒坐此中誰作侔流雲片片擁孤亭

翠微亭　吳敬中

大地春回緑正肥青山環拱映朝暉眼前秀色堪留戀好似江頭坐翠微

來鶴亭　吳崇仁

亭高遥望白雲飛出石嶙峋行徑微跨鶴仙人何處去

一今猶望鶴來歸

派石亭　周之鼎

誰將鬼斧劈層巒振策何愁行路難四面雲山護壘主

此間好作畫圖看

勸農亭　熊充棟

大有何能歲歲書還須東作勸耕鋤亭前一望千疇綠

始信豳風語不虛

風舞亭　姚煋

習習和風自可人迷離曲徑孰知津水邊霧隱花千[illegible]

松際雲開月一輪

上洋亭　周景尹

巔際酌酌分上下亭前花竹秀而治騎驢遊遍古樓東

詩思忽來提筆寫

八角亭　胡嘉孝

地聯閩浙此中分八角玲瓏掛夕曛好景看來皆入畫

四圍山色一溪雲

聽鹿亭　吳文元

亭横碧巘賦同行徑轉山腰望眼明彷彿麋鳴岩谷畔

吻吻聲細入風清

小蓬萊　吳千泰

覽勝臨流步北隅雙虹橋畔數金魚蟄龍千百忽驚起
佇看甘霖徧地攄

砥中陽　吳炳昌

狂瀾萬頃注龍湫捲雪奔雷滿綠疇幾見堤成還復壞
於今誰復砥中流

覺林寺

吸泉擬火此山中一縷茶烟繞竹風忽見斜陽開晚色

相將待月出林東

石獅堂　　吳之騏

涼露娟娟秋過半蕭疎黃葉飛閒慢禪關不許俗人敲

啼鳥數聲來枕畔

白蓮堂　　吳王釬

禪堂晝靜碧雲攢雨過紅蓮花半殘猶有清香來曲沼

山光潭影儘盤桓

萬壽庵　　葉咸章

秋盡閒登般若臺僧房闃寂掩蒼苔山飛空翠雲光迥

木落霜黄眼界開

萬松庵　　　　　　　　　　　　余　勲

鐘聲帶月出花宫香靄霏微蔭碧空孤鶴長鳴松色老
遠山半掩暮烟中

勝隱庵題洗耳泉　　　　　　　　葉　潛

崖際寒泉入峽鳴清音細細耳邊生幽人初向山中宿
錯聽琴彈古曲聲

勝隱庵題鶴洞　　　　　　　　　吳王闈

何人養鶴煉金丹鶴去山空澗水寒把酒不妨拚一醉

踏霜歸去月團圞

勝隱庵題停驂巖　吳冲

石壁嵯峨高接天，凌風玉珮去何年。閒心已識遊仙意，日日看山便是仙。

勝隱庵題瀑布　周九如

翠屏千仞勢巍絕，一道清泉飛玉屑。激石濛濛生白烟，舞空點點散晴雪。

源隆庵　葉枚

照妄須燃大智燈，法堂雲護碧岩層。林香蚤已聞簷蔔

谷響從知斷葛藤

天堂庵　　姚家蔭

危峰削石翠排屏竹客留題石有銘昔日遊人何處去

雲山終古不磨青

海會庵　　龔海棟

曉色初開萬緑屯鐘聲出水又黄昏歸來夢繞青岩路

修竹林間酒一樽

豐樂亭　　葉邦勳

豐樂亭中景最幽蒼茫林樹白雲浮四圍山色青如許

一帶烟光翠欲流

五言絶

源隆庵　王綸

山嵴雲常在泉鳴韻更清岩松多秀色山鳥少凡聲

龍濟庵　葉璋

山奇惟見骨樹老自多瘿一榻萬松邊坐看雲水靜

雜詩附

宋

步龍泉邑令題濟川橋　陳嘉猷

此地天教繫斷槎古來劍氣屬張華長橋高閣一時勝
巨碣雄篇衆口誇曾是斗牛相照映不應風雨肆欺斜
今君小試扶顛手便有歡聲靄萬家

明

留别松源父老　　知縣　陳九功

我愛山城不我欺山城偏與我相宜催科更不煩敲撲
獄訟何曾結讞詞無事小窗惟讀易有時過野只烹葵
來朝馬首鹿陽去一片白雲繫所思

國朝

前題　知縣黃[illegible]縉

作吏松源兩度春，秋風吹送一關人。愧無實政堪稱最，笑有空囊莫厭貧。閉戶窮經多秀士，耕田力穡是良民。臨岐片語相持贈，安分由來足保身。

題延陵周鸞姑暨媳季氏雙節　知縣程燈

斷臂完貞耄耋時，一門姑媳兩堪奇。九重綸綍旌華表，千載芳標矗節祠。送死都傳猶子孝，承祧還有稚孤遺。我來問俗關風化，懸吊幽光樹壼儀。

前題　調寄倚孤鸞　知縣蔣潤

繇續劉結何照戶三星誓明今夕詰旦理粧早異樂昌鏡缺勉順高堂義訓不遂初心死同穴伯姒夢熊分乳嗣續綿瓜瓞　佳婦佳兒甫長雛蘖孀天奪寧馨中道又折姑矢栢舟志媳並懷淸潔共歷饑荒兵火六十餘年如一轍允沐
天家寵錫表一門雙節

題濟川社學　吳構

服古入宮先正名岐途亂正害非輕層祠百尺常棲鳳不許鴉聲雜鳳鳴

邑侯唐若瀛甕山禱雨恭紀　吳元棟

兗嶽嶙峋鎮巨鰲，華天雲漢儘煎熬。爲民請命紆途上，皎日當空再拜勞。雷震山南牧旱魃，雲生足下起波濤。回車忽帶千峰雨，百里歡騰燕雀高。

和署任孫邑侯九日登石龍山　吳元棟

賦到雲山語自寬，況逢酋展共徘徊。烟花自合分酋守，風俗何如論本來。彩幘已隨飈勢落，酒旗更帶夕陽開。他年佳話傳青史，雲外新詩雨後杯。

輓錢師台　李學勤

會稽名郡產名人每見才高氣未純風範惟有錢夫子

望天知命獨守貞少壯知名膺 恩寵老大秉鐸抵四

春性靜不嫌青氈冷始終如一敎澤勻桃李門前西風

急秋陽影落謝素履講堂老桂最先殘庭有丹桂是署秋無故自折

後樓鷗苦君失園有鳥數百師故後三日悲鳴盡去可憐終養願已違吁

嗟遊子尚未歸蕭條稽外何所有四五童兒守素幃仲

氏嚥號寒霧起瀰城行者傷爲已我輩贈賻送行程屆

指鹽湖千外里

錦水橋成誌感　吳元瀚

仙槎斷處繫飛蓬伐石爲橋結構同煙雨樓臺新店北
丹黄廟貌濟川東當堤柳色垂芳靄古甸泉聲咽遠風
日暮驅車來繹絡高才孰是茂陵翁

步荔園游石龍山原韻　鄞縣戈廷楠

環城皆山鬱蘢嵸就中蜿蜒形如龍一峯突立勢拏攫
每當欲雨陰冥濛我來小住山下寺中夜微微吹天風
老僧爲指石龍跡不繇捧檄安能逢憶昔浪游泰岱頂
日觀峰側森長松又曾放舟入東海三山隱約波濤中
驚心怵目控樓底萬流奔注皆朝宗濛洲于役小延佇

彷彿睡覺聞晨鐘問訊土宜罕物產製蔴煮筍稱年豐

撫字催科慚兩拙一行作吏非銛鋒何時擲衣石能上

縱目四顧思公昔張公褒異誰與同揮毫笑傲登此峰

過賢良村　　知縣　熊　珍

三年薄宦到濛洲故國茫茫憶舊遊珥筆久疎青玉案

論文忽上白雲樓蕭蕭風雨春寒積膴膴郊原小麥抽

自愧生平無好狀相逢一聲後何求

普渡橋志感　　吳得訓

竹溪溪水落長空路歸樵蕪轕護同緜亘何年遡海石

依稀半碧架晴虹，柳陰不用方舟渡，橋畔偏令輿馬通。王政於今侔夏令，千秋猶自憶程公。

登黄壇二仙宫　　吴洪

巍峩仙闕峙村西，俯瞰人煙一望齊。樹疊龍鱗松韻遠，簷飛鳳翅竹林低。雲開殿閣遥排朏，月見渟湖半映溪。此景由來難再得，登臨乘興喜留題。

鷺鷥亭　　姚鐔

小結茅亭曲徑幽，鷺鷥塢外翠林稠。高峯崒嵂人初到，峻嶺盤紆馬欲留。曾向樹間聽鳥囀，遥從檻外挹溪流。

萋萋遷客淒其意古道斜陽影半收

得月樓　吳先經

山開半月恰當頭景色時時總是秋我亦近來興不淺

此樓應得似南樓

渡槎溪　吳匡選

層波疊浪水聲喧十里溪流一氣奔我欲乘槎隨漢使

不知何處是河源

鐵尖峰　陳紹虞

高聳崇山上孤峯削不成遥連霄漢色似結太陽精

披臨幽壑光芒映曉晴詰朝雲乍起疑射斗牛横

泰興橋　　吴孟登

地僻人烟少山危水澗深潺湲飛萬壑澎湃落千尋岸

苦褰裳涉溪愁勸馬蹄最宜鞭石手爲洽濟川心

濛淤橋　　張恪忠

峯巒環抱鎖溪聲百丈流虹飲澗横我欲招尋題柱客

長門恰喜倩長卿

題石龍山　　教授張駿

何年悞雨被天嗔謫下荒山化此身怪石玲瓏多帶角

虬松夭矯盡生鱗羣碑尚憶千秋蹟放眼能收萬象春
我欲凌空發長嘯恐驚風雨起逡巡

雲鶴堂講席　　眞定城

吾生碌碌一青氈欲買名山未有錢愧擁皐比居北面
喜來幽境占西天晨看雉堞烟霞滿晚聽松筠鳥雀喧
博得此心清且靜好和童冠濯流泉

梅樹嶺　　毛九經

岧嶤峻嶺鬱冥濛高倚遥天一線通拾級盤紆雲路近
崚巔愁眺碧霄空橫臨絶澗形逾峭直繞崇山勢獨雄

行客無須愁載渴偶梅林已熟雨烟中

天馬山

葉之茂

渥洼有馬自天來形騎荒邱秀色開竟日嘶風黄葉裏

昔年被駕白雲隈晴嵐裊裊雄千尺曉霧悠悠浪一堆

伯樂當年搜未到羈留巖畔不知回

遊石龍寺

鮑知我

高臺日暮歸雲突湛湛禪心潭底月法界三千静裏窺

因緣十二空中發長公乘興勝虬峰莊子尊生昇象闕

更憶山巔最上層翠微深處僧行滑

何處白蓮光閃突松潭掩映東林月酒傾彭澤綴肴揚
鐘扣少陵深省發持偈近登般若臺看山遥見蓬萊闕
喜偕惠遠共追隨擊竹拈花龍窟滑

濛洲八景

巾子祥雲　吳元棟

巾峯佳氣合表瑞協昌期雲結三春彩橋連兩岫奇寶
車飛漠漠仙仗炫離離徵應前朝事於今欲見之

又　吳公選

祥光何處影繽紛巾子峰頭一段雲乍向空中連𩆜𩆜

遥從碧落接氤氳蒼茫帶雨垂朝靄滉瀁隨風照夕曛
記得仙人曾拄杖劉家舊事古傳聞

霞峨麗日　　吴元棟

仙佩何年化雲山萬古留形齊天峨落色共日光浮磅
礴餘文綺晶明射翠樓不須頻着屐相對與偏幽

又　　余墱

何曾抛峨落仙家緣峨欲如山山映霞曉霽宏開天曠濶
晴嵐遠照日光華黃花不避秋顔老青草猶留春意賖
色辨中央誰煅錬遺來疑自古皇媧

百丈龍湫　吳元棟

百丈仙靈地，龍湫許獨尋。藍拖三井外，氣接五湖深。絕巘浮青靄，寒光瀉碧潯。崇朝雲乍合，溥澤應商霖。

又　吳公選

飛瀑懸崖一澗開，靈湫隱隱響輕雷。半天水欲因風急，六月寒偏逐暑來。混沌無痕經擘鑿，神仙有窟任徘徊。崇朝霧起山腰雨，噓氣隨雲徧九垓。

雙潭石印　吳元棟

燕尾交流碧若中，浮大篆形波涵雙帶綠瀾湧一拳青澂

水會爲鈕龍彎早化星千秋同海石砥柱協川靈

又　　余塏

嶙峋片石砥中流圭角天然一印浮草色深時掩墨綬
波紋皺處劃銀鈎曾將山勢供圖籍喜掃苔痕認鏤鎪
纍纍腰金應有兆垂紳直上鳳池頭

石龍烟凈　　吳啟甲

日射晴光遠靈巖宿霧收天衢連秀色雲路鬱青疇竹
底人烟凈龕前樹影稠點塵曾不染結想莫辭投

又　　吳公選

石龍山勢欝崇隆盤曲紆廻一徑通山雨欲來秋色淨溪聲遥送暮煙空天開圖畫形難肖古有登臨興不窮試瞰層城頻眺望渾疑身在白雲中

雲鶴松陰　吳啟甲

山郭靜朝暉長松擁翠微風濤奔澗水苔徑接禪扉樹暗雲常住堂空鶴未歸盤桓情未已清磬出林稀

又　余塏

雲鶴堂中鶴已飛百年世事想依稀祇今惟有松容老何處更看鶴影肥客傍午陰穿曲徑僧來月下叩禪扉

林間莫訝鐘聲出不盡濤聲遠樹微

梅坳夜月　　吳啟甲

忽見梅花發坳頭月正團幽光呈皓魄冷艷泌冰魂

木聲逾靜空山水自湍徘徊留翫賞應作廣寒看

又　　吳公選

梅因破臘爭春色月以經秋帶曉寒不見梅從中夜白

偏宜月在古坳團香聞十里寧嫌暗影入三更正未闌

最是山頭風景好冰魂皓魄一齊看

槎水春瀾　　吳啟甲

瀥瀥烟槎水春來錦浪生橋低新雨足沙護舊痕平樹
影依堤密鷗羣列岸輕渾疑星漢近最是緑洲行

又　　余壇

盈盈碧水繞槎溪無限清波漲舊堤十里濤奔沙岸白
千重縠皺板橋低客疑泛艇纏星漢人爲尋芳倚杖藜
風雨籬邊春意足香塍一望草萋萋

巾子祥雲　　周培陞

一望祥雲吐巾峰瑞氣涵乍疑張翠蓋旋覺駐仙驂秋
雨纓還濯春花髻並簪箇中有佳兆妙諦可誰參

霞帔麗日　　季學勤

仙女知何去，空拋帔在山。如霞真爛熳，映日更斑斕。色耀青絲縮，光連碧玉環。朝朝憑眺望，薄暮不知還。

百丈龍湫　　葉邦勲

靈湫飛百丈，撫景正徘徊。石罅深成洞，龍文淺覆苔。九天疑噴玉，十里苑聞雷。甘澤隨時降，山晴雨亦來。

雙潭石印　　余鈞

峭瀾雙潭迥，烟開片石浮。分風掩燕尾，負水出龍頭。帶繞千重翠，文成五色幽。更看明月夜，倒影落長流。

石龍煙淨　周培陞

山高形突兀烟垂色滕朧似霧藏深洞如雲鎖遠空一朗風盡捲千里目能窮環繞皆山水都歸眼界中

雲鶴松陰　季學勣

何處覓仙跡空餘百尺松清陰酣午夢疏韻入晨鐘鶴已無心任雲仍着意濃禪曇諸品淨翠影落重重

梅𡌛夜月

月照三更夜𡌛開幾樹梅也知香獨抱偏訝白成堆信是同心契相將載酒陪素娥如見許應速美人來

樓臺春瀾　葉之苞

合注諸溪水春深尚帶寒隨風旋作浪激石更成瀾響
走聲偏壯鷗飛路正寬却驚槎客渡頃刻過前灘

巾子祥雲　田嘉修

嵯峨巾子刻晴空瑞靄遥連紫氣通錦障千層銜麗日
星橋百丈駐飛虹烟浮露冕金爐襮光耀華簪寶髻工
紆緩無心原不定山靈應許古今同

霞巘麗日　田嘉言

山名霞巘爲春容掩映晴光積翠濃緑樹迎風揺翡翠

嫣花含露簇芙蓉朧簾初啓朝陽殿繡帳還開白紵峯
更有一般堪比儗玉環方拜紫泥封

百丈龍湫　田嘉緒

浩淼銀海翻鯨波神龍蟠蟄通星河入荒伐鼓承帝訶
雲垂水立走雷龍山湫百丈石嶒峨九淵無深蔓薜蘿
嵩山五嶽遠來過雷陽掛壁羅金梭會時呼兒策青驪
風伯前驅反偃禾叢蔟蕩清幽息滂沱霖雨潤物天下多

雙溪石印　田嘉翰

歷陵山高三千丈七孔石門雲漢章太平韡韡領熙洽

先言妄誕稱都揚我遊雙潭水清絕中涵磯石明鏡漫

螭蟠鼉經青泥封紫蘚斑駁狀鑄鐵月照千潭潭外呈

誰知鬼斧鐫隥平狂瀾澎湃撼砥柱蝌文鳥跡參差明

噫嘻縮縮天下信造化爲鑪真堪認介石飲水有如此

應作萬古河山鎮

石龍烟淨　　田嘉脩

驤首天衢第一峯烟消露滴紫苔濃登臨渾似乘風去

俯視雲山幾萬重

雲鶴松陰　　田嘉脩

閒訪入松林，空樓翠色深。烟横蘿徑古，花落石床陰。山月千年事，風濤萬里心。悠悠前去鶴，何日再來尋。

梅坳夜月 田嘉翰

疏影本幽姿，韜形在山凹。姮娥偏執真，婉轉照寒薇。一點天地心，清白原相屬。遥遥隔霄壤，兮芳惜空谷。

槎水春瀾 田嘉言

溪水滔滔護天淵，花兩岸夾嘯烟果。然從此探源去，廻想浮槎又幾年，

題舉水庄 知縣 鄒 儒

兩道長虹夾碧波泉聲處處應絃歌俗同渤海澆風易

世有潛臺古道多知我催科愁不了任人輸賦意如何

延陵禮讓今猶在莫謂山城少太和

道光庚寅四月偕馮廣文並集諸生遊石龍山即

席題和　知縣　黄　煥

俯看城市屋如鱗郭外田禾嫩色新翰墨機緣成結習

樽彝款識詎同珍一行作吏難除俗滿座高朋不染塵

此日望梅梅正熟幾生修到是前身

前題　教諭　馮春潮

不然咫尺未攀鱗，那識龍山氣象新。幸賴招呼逢叔度，
愧無才調似僧珍。小花蠻榼攜佳饌，曲徑禪門淨俗塵。
千里紀遊今更樂，撥雲高處置閑身。

前題　吳登雲

名勝石龍龍有鱗，借登桂殿景翻新。蘿茶泉酒香偏遠，
對簌山肴味足珍。綠竹風前情不俗，青松雨後淨無塵。
趨陪得遇點睛手，喜聽雷鳴裕後身。

前題　姚駒

龍山表異現龍鱗，幾點靈光萬古新。載酒有人情足羨，

題糕無句味同珍野花開放岩增艷古木陰森徑絶塵
烟火滿城看不盡歸來猶擬任閑身

前題　　葉之茂

石爲龍骨草爲鱗登眺名山景象新放眼雲烟憑覽勝
羅胸山海盡羞珍嚼杯咳吐成珠玉染翰揮題掃俗塵
愧我才疎無簡事何時得擬步雲身

步前任黄章甫登石龍山原韻　知縣　吳綸彰

老樹凌霄已化鱗山川秀氣一時新籌書未許追前步
奏績還期此後珍漫説荀郎心是月難忘范子甑生塵

欣逢歲稔民安謐贏得公閒省此身

　　按前任黄邑侯登石龍山原韻　教諭　沈鏡源

山作龍形石作鱗登臨眼界一時新雄圖蟠踞千山小

勝蹟留傳片土珍笑傲烟霞抛俗慮流連詩酒隔囂塵

歸來吹落儒官帽慚愧琴堂布化身

　　雨後望巾子山　知縣　吳綸彰

羣山萬壑擁岧嶢霧縠霞冠雨後描瀑駕飛虹飲溪澗

峯攢神劍搏雲霄松巖薄日開青障仙仗凌虛渡彩橋

迴首東南堪入畫玉龍百尺瀉寒潮

雨後望巾子山步　吳邑侯原韻　沈鏡源

緋雲五色鬱岧嶢，雨後升騰望裏描。不復空濛遮遠岫，猶然開霽豁層霄。分明老鶴離芝蓋，隱約長虹駕彩橋。羨殺使君心志喜，謳歌四起聽如潮。

謁馬夫人廟　吳綸彰

妙手空空出世寰，黃金白璧仰仙顏。掃除塵世千年劫，管領雲霞百丈山。儘有鏡臺傳石上，肯留巾笈在人間。即今蒙澤冠紳地，想像慈航日往還。

中秋登石龍山　吳綸彰

憑欄一覽色無邊高敞樓臺界百千眼入雲山秋似水胸無芥蒂月當天萬家橘柚寒烟迥四面芙蓉暮靄連曲巷幾回清韻起臨風那得武城絃

丙戌登奎垣閣作　教諭　馮春潮

龍門高敞接奎垣共說當年出狀元累代科名何爲奕諸儒理學有淵源桂花四季香留閣山勢千盤秀列園瞻謁肅然心甚遠濛洲此日始停轅

步前任馮珠航先生原韻　教諭　沈鏡源

[illegible]高閣望星垣秀揖薰峰卜鼎元前輩風流傳竹口

禪童井桂香坊遺址斯文宗脈溯根源爽開佳日前臨郭香滿清秋後列園老桂四季花開最是龍山環右臂蒸蒸多士望推轂

庚寅季夏偕友人王紀常濟川訪勝宿吳氏半畝園即事　吳興沈丙瑩壬辰孝廉

山城不下陳蕃榻止宿延陵半畝園兩爲情殷留客展蛙緣夜靜鬧鄉鄰三三徑闢殊難認乙乙愚抽要細論最是關心槐子熟西冷舊事話黃昏

巾子祥雲　葉之茂

朶朶祥雲出岫奇芳名元鼎恰相符雙峰揷立迺天啓

五色騰輝匝地垂化作浮橋空際出結成寶蓋靜中窺
何時復得崧靈降步武前賢文在茲

磨手嶺　王勲

巨靈擘破手摩霄闢越迢通勝地標走若蟻旋人得得
行如磨轉路迢迢亭修世美常安憩閣坐觀音自止囂
鑿險著夷資好善口碑載道勝歌謡

遊石龍山步吳邑侯原韻　吳履祥

名山何自結龍鱗怪石磅砑重疊新嶺上青松留古勁
亭邊翠竹秀瑜珍遥聞鐘磬清餘韻俯視山溪净少塵

最是登臨逢好景誰從明月憶前身

西城彩焕長庚座　吴升階

順濟行宫告落成重新建座控西城人烟稠密多來往
磵圳蹤遍繞送迎野外逢耕歌小邨樓頭懸匾焕長庚
天然位置開圖畫却喜金溪夜月明

雨後望巾子山峩　吴邑侯原韻　吴大新

一段祥光映翠嶢空濛雨後景堪描雙峰壁立開初霽
爽道虹飛望遠霄彷彿霓旌翻寶蓋依稀丹仗護仙橋
蒼茫瑞氣今猶昔誰繼英聲謁若漈

中秋登石龍山步　吳邑侯原韻　吳大新

何時昂首入雲邊，石化爲龍勢萬千。最喜名山舒道眼，
况逢佳節醉花天。憑欄快覩豐盈樂，撫卷欣傳賦咏連。
丹桂芬芳清四座，心神怡處聽鳴絃。

重九遊石龍山　葉郁文

黃花萸子似輿臺，勾引閒遊到上台。攜履提壺今日事，
論詩作賦幾人才。雲中清磬聲聲徹，郭外秋山面面開。
結伴同登多逸興，題糕應共此啣杯。

石龍山　吳倜

地鎮松源第一山神龍蟠結到人間一溪風雨生西澗
四面雲烟繞花闕嶺上松形鱗隱隱雲邊鶴擬翠班班
恰欣出郭扶節便覓日登臨任往還

登石龍山　葉之藩

何處蟠龍借此棲時來舉步擬青梯巍巍峭壁參天起
矗矗懸崖與岱齊似帶元珠臨澗水宛騰碧漢駕虹霓
亭前好景終無盡縱目長空萬象低

遊百丈山　葉榮葵

百丈山頭勢最高登臨到此興偏豪丹成早見飛昇去

地險宜知舉[illegible][illegible]斷力巖邊開古寺瀑潑水畔怒奔濤

鏡臺履跡今[illegible][illegible]令我摩挲一縱毫

棘蘭隘　　吳信

枕溪茅店雨三[illegible]險地由來錯犬牙恰可桃邊繞棘刺

難從竹外[illegible][illegible][illegible]遮分閩浙人聲雜道阻桴航水勢斜

借問關防何斂寂太平已久靜邊笳

遊百丈山　　吳濱

仙靈萬古一朝昏世事推遷且莫論三徑松風珠履跡

半巒明月剪刀痕爐烟裊裊連巖口幔霧濛濛鎖院門

亦欲凭虚窮海島俯臨百丈莫窮根

前題　　鮑友仲

仙仗凌空絶世緣至今縹緲望無邊窈深莫辨陰晴候
繚曲難分冬夏天履跡空存雲杳杳剪痕惟見月娟娟
龍湫風雨驚來驟靈跡千秋長浩然

題姚村水口　　邵體仁

遥途曲折傍崇山近隔村前二里間突兀獅頭騰浪湧
盤桓象鼻疊峰圜常聞不雨溪聲急却喜非春樹色斑
水口生來裝好景鍾靈毓秀擬仙寰

百丈山懷古　姚冠

層巒孤峭遠山巔此地曾修五代緣樹繞煙霞真似畫丹成雞犬亦皆仙鏡臺映月空千里履跡穿雲入九天幾載深情欣一望振衣直上興悠然

恭和章甫黄邑尊偕諸同事九日遊石龍山登豐樂亭　田家修

豐樂亭高萬象收魚鱗樓閣小瀛洲安身扃歊塵中脚放眼常昂天外頭九日争傳桑落飲七人猶是竹林儔同遊七人鴻書忽聽傳青鳥讀罷新詩興倍遒

題松源川　　吳邦鑾

一望松源勢沉落春光靄靄十分濃庭前古栢巢飛鶴岸上高橋趴卧龍濟水資靈靈聞毓蒼山拱秀秀類鍾藏書萬卷推先哲此日何人苾往蹤

百丈山　　吳坦然

百丈峰頭别有天登臨四望景悠然層巒聳翠參霄起怪石嵯峨匝地連滿徑蒼松青黍了一潭碧水静無邊剪痕履跡今猶在長使仙靈萬古傳

題濟川古栢　　吳憩

空山古栢種何年勁幹離奇尙嶄然百尺高完金石質一枝秀挺雪霜天多經歲月蒼苔厚不讓松篁晩節堅羨汝大材樑棟器須知到此老彌妍

迴龍山　吳江

嶂疊雲封鶴洞開城煙霧遶飛來參林碍日爭奇勝透竹斜陽映上台洗耳泉邊窺豹隱傳仙石畔喜龍迴登斯覺路忘歸處愧乏三都作賦才

七言絶

佛楊龍灘　吳登瀛

空山古栢種何年勁幹離奇倚嶄然百尺高完金石質一枝秀挺雪霜天多經歲月蒼苔厚不讓松筠晚節堅羨汝大材樑棟器須知到此老彌妍

廻龍山　　吳江

嶂疊雲封鶴洞開城煙靄靄遠飛來穿林碍日爭奇勝透竹斜陽映上台洗耳泉邊窺豹隱傳仙石畔喜龍廻登斯覺路忘歸處愧乏三都作賦才

七言絕

佛楊龍鱗　　吳登瀛

巒高聳足如蛾走憶昔歷覽名磨手此處何年仄徑開
而今載道膾人口

文昌閣　　吳球

紫薇宮闕靄雲霄十二欄杆一望遥共御奎光聯碧落
千秋祀典奏簫韶

題育嬰堂月桂　　姚緒

月中移下庭中栽引得天香入面來好向嬰堂承雨露
生生不息笑顔開

五言律

題上管庄　知縣　關學優

此地鍾靈氣藻洲，第一庄山橫屏共列，水繞帶偏長。皆勤稼穡士亦勉賢良，不愧延陵胄，詩爲邑乘光。

陳尚書祠　訓導　王勉

乞米償清俸，能言便不同。街談誇幼慧，邑乘記公忠。朝士傾風久，春官就日崇。九都祠宇外，猶是話神童。

劉狀元坊　王勉

誰卜薰山兆，文章第一流。英聲蜚大學，芳蔭護綿州。甦範傳多士，科名許狀頭。藍田遺壁在，虹彩耀千秋。

胡侍郎宅　　王勉

過目都成誦，藏書不在多。他年經畧便，當日教官科鑑。

共金雞割紳隨纘豸，掩故鄉宜置縣，畢竟意云何。

王給事第　　王勉

讀卷知肝膽，文章信有神。淵源傳介弟，鐵石識忠臣芸。

海藏書窩，龍潭結穴。真蘇香勤拜謁，記取後來人。

豐樂亭　　知縣　龔綸彰

覽盡山[illegible]城景清[illegible]華[illegible]亭[illegible]雲[illegible]鷺[illegible]色西谷青白

氣[illegible]亭[illegible]對[illegible]入畫[illegible]官[illegible]欲下[illegible]坐[illegible]賞[illegible]

過劉殿元墓　　　吳綸彰

青山杯土在今古仰斯文偉績曾留蜀高名孰繼瀧蛇迷曠野日月照孤墳安得藍田璧而爲多士分

過陳尙書祠　　　吳綸彰

欲作黄金鑄千秋識盛名文章關世運正直是神明高塚麒麟卧荒祠柏樹生嶶流一溪水長此繞春城

過劉殿元墓　　　教諭　沈鏡源

獨把薰山秀科名得狀頭英聲蜚太學惠澤播綿州由子雲光現藍田璧彩留墓門傳伏石遺韻誌千秋

過陳尚書祠　沈鏡源

訪勝神童井遺坊載令名能言傳早慧特達誌奇勲
業春官著文章多士程祠堂馨俎豆今古肅同明

過王伯厚先生故里　沈鏡源

南宋興亡際先生一偉人建言明大義讀卷識忠臣學
海搜羅富詞林著述新我來經故里仰止感心神

雲鶴山　吳登瀛

萬岫如屏擁城南起碧峰高僧青鶴去古寺白雲封
射松頭月聲揚洞口鐘登臨無限興四望豁心胸

胡侍郎墓　李遊

舉步入深山，相逢幾株樹。借問此何墳，云是侍郎墓。草舍春烟荒，城漬秋露。俯仰深徘徊，不覺夕陽暮。

春日登雲泉鐘樓　吳念祖

散步入雲泉，登樓已洒然。松篁圍佛刹，花柳罩人烟。四壁如圖畫，層臺可學仙。倚闌舒逸興，頓使俗塵蠲。

薰峰雨秀　姚鈞培

極目層巒秀，薰山第一峰。風飄花點點，雨洗碧重重。嶙巒千尋峙，凝雲四面濃。綠陰何處繪，灑落豁心胸。

雲鶴松陰　　王咸績

禪室近城墉，陰凝有老松。樓空黃鶴去，徑曲白雲封。憑弔堂名古，勾留樹色濃。我來心覺悟，何處覓仙蹤。

雲鶴花香　　婁樹均

到處香風送春來，景色嘉。石龍龍帶雨，雲鶴鶴飛花。紅透胭脂萼，青遮錦繡葩。陶然忘日暮，疏影半窗斜。

雲鶴松陰　　龔榮焱

雲從松上過，鶴向寺中來。不見雲邊鶴，惟看月映臺。濃陰青未了，翠蓋碧常開。忽聽濤聲急，疑經紫府回。

遊雲鶴堂　　姚紱

纔到禪堂地悠然有所思鶴來心覺寂雲在意俱遲片片浮空際雙雙入夢奇鶴飛雲且住舉念欲何之

五言古

馬仙墓　　吳信

古井騰雲霧微茫一線路老松掃塵埃說是仙媛墓

邑侯樂曉園哺嬰圖恭紀　　吳登雲

萬物本一體聖人皆孩之老友少有託何況羣嬰兒村落泣呱呱不知育者誰賢侯心惻惻朝暮急圖維司徒

保息民厥幼貴乎慈欲使皆得所營屋爲首基詢謀及
士廉料量供糗餈孕字乳貴足朝暮哺以時爰雇貧家
婦拊之畜之宜畚房容鵠蛋桃僵代李枝十十而百百
生生而熙熙閭里襁褓子官爲給育背順蕩達勾萌毋
使生氣衰譬諸卉萌孽沛然雨露滋胎生有所長大造
權可持寒氷或覆寘隘巷或潛移或爲拾得子或有寒
山知猶豸好頭角頮面白雪姿安知非英物無根產靈
芝聽此嗝嗝聲一片春風吹好官豈好名有善所必爲
上推　帝澤普下沛民膏施愛代既得人去此心安怡

歎賞隨攜力觀覩嫂婉嬉羣黎續此畫以當德政碑是

堂下千載可餞公生祠

咏濟川形勝　　吳　華

欲訪濟川勝溶溶春水泮山色四圍繞古洞深且幽或

如虎蟠踞或如龍驚湫前哲多遺咏摩崖碑可搜行行

路盤轉忽見村落稠絃歌聲文學人物胥風流牌坊共

祠宇遺跡永千秋我今聊敘述所望名賢酬

咏松源形勝長律　　陳　南

松源勝地接龍泉枕倚燕山帶濟川六隱聖年奇且阻

三鄉鐵甕斷猶連石成龜印雙潭裏瀑壯龍湫百丈懸千里巒從青靄拂半天鐵向白雲穿梧州屏翰西南障閩嶠畿疆遠近聯井里村莊皆舊畔衣冠人物古英賢家多圖籍淳風著邑有弦歌雅化宣覽蹟問圖何處逐雲林石谷筆難傳

[illegible]母李太安人七十壽詩

教諭　鄭之良

廿年苦節厲冰霜，毋範貞堪擬敬姜。秀毓閨中兼四德

風著林下播三鄉。奉姑潔膳稱純孝，課子成賢有義方。

綵誥鸞書降瑤島，慈雲縹緲月荒涼。

其二

貞姿自昔著珩璜，留得膚金一[illegible]令繼美

郝鍾禮法遠流芳，持梭[illegible]管筐

從此彤編紀美懿，旌閭[illegible]

補刻輓節孝姚母季太安人五言排律十四韻

訓導 王壇

緬昔膠庠彥傳家踐行聲奇男[illegible]佳婦質原貞琴瑟調絃靜縹緗佐業勤[illegible]蹤鴻孫鳴萱草悲將萎蘭芽惜乍萌回天憔在[illegible]闕情俯仰能兼嚴慈可並行晨饈馨蔬豕[illegible]訓燦燈檠一鶚真超化二孫足抗衡佇邀 金闕樊遽鼓玉峰傾竹隕斑痕濕熊啼淚血盈卅年完苦節百世永芳名璞自全其美木無忝所生 閩儀堪勵俗繆句擬鄉評

補刻石壁隘記并七古　　教諭倪始灝

慶邑石壁隘路距城東古樓廟里許危巖峭石路僅一線可通下臨深淵其險異常舊傳古嘗置渡船以濟往來有孀婦僅一子溺于水乃奮力鑿道以通行旅渡船停止後常有溺者以路狹故也嘉慶年間有負粉乾輿負厤者交臂失足俱跌于水幾溺死吳君昌興聞之惻然捐貲開鑿寬廣六尺即輿馬亦可並行此千百世坦行無顛覆患者皆吳君之賜也因爲之記并賦七古以詠其事城東五里仙桃麓溪水一灣鳧雁栖峯巒峻絶

碧雲生峭石危巖花芬馥俯瞰中流羨魚魴仰看懸崖集樵牧雨霏絕巘覘飛仙月出東方聽鳴鹿古道留存一線通路窄驂輿輙蹋蹴後臨峻壁下臨淵一望驚心更駭自羊腸鳥道歷千秋屈指于今幾髑髏慷慨捐金來吳君鳩工鑿石成功速長三十丈寬六尺輿馬交贊無觳觫行吟澤畔頌深仁履道坦坦膺多福漁舠輕曳自優遊出岫飛雲長郁郁登臨過此作高歌偉哉靈秀乾坤鐘

恭刻重修馬侍郎廟謹誌三十二韻　知縣沈中

仙靈昭赫濯衆志洽微茫五制惟功重三垂不朽長雙奇偕娣弟百丈隱巒崗職果專司禮人皆誦侍郎能傳嘉譜切自得美名揚莫事搜周漢遙將道晉唐銜方尊紫閣術早覺黃粱烈比銅爲柱祠成晝是瘟后田揮碧落前代塑丹房屈指難枚舉銘心不忍忘反風維刻楣撲火拯雕梁暗使僧開戶音驚婦隔牆能擒欄下虎勝斷里中羊細節誠堪誌豐功更莫莖午年流疾疫子婦被灾殃默祝三條篆虔求萬卷方藥非除紫囊效遠邁

青囊且可回乾潦衆能禱雨賜四時調玉燭萬寳慶金穰盡受風雲護誰教烏鼠傷鳩工看恐後蚨聚躍如狂創建東西屋重修上下堂川庭增舊制歌館艷新裝鵲賀現模樹翬飛氣象昌辛祈龜擊鼓辰告兕稱觴伏臘八咸集觀燈夜未央談經誰設帳飲福邁薰香額頹山陵壯神爭日月光如椽慚未有弄斧遜無遑瑞應榮生椰歡騰蔭在棠兒童祈鞏固父老樂康強勿替繩繩引常留百世芳

重修馬侍郎廟告成恭賦五言二十韻 教諭 呂榮華

百丈仙靈著神威仰侍郎一門榷競爽五季藉攡詳晉
爵官卿貳酬勳擢部堂錫名雖未顯肇始已先揚新意
功追漢長安客記唐溯原知貴族考續紀甘棠舊祀徵
天啟重修值道光家隣胥浦里瀆煥后田鄉反火商難
溯回風力愈彰禦災兼伏虎捍患並驅蝗旱潦平千載
和甘降百祥豐亨同受福保護孰為殊祈禱誠胥應繁
昌願自償鳩工新畫棟燕賀集雕梁闢地通三徑宏模
建兩廊竹苞山鞏固松茂殿軒昂縣治分由宋碑文記
自湯吹邪迎伏臘擊鼓祝馨香司鐸慚無補高歌興更

長盥薇稽祭法敬詠侑霞觴

重修馬侍郎廟落成敬題　訓導　章　復

誌闕難徵宋與唐里居勛績兩茫茫歸來雲外華亭鶴
碧落頭銜領侍郎
享祀春秋疊鼓祈荔丹新曲擬羅池兒童也識毛鬖事
不待蒼涼問古碑

題樂曉園明府慶元嘯嬰圖　西蜀 安崇庚

兒呱呱兒不孤兒有母母衆婦今年大好長官來安爾懷况嬰孩長官民之爹况汝赤子耶嗚呼生民耶活人耶保赤者仁耶

題樂曉園明府慶元捕虎圖　安崇庚

此何人哉偉且幹昌國之裔班侯面北游不上黄金臺南來爭識潘懷縣請纓會作都護行懸肘早拚橐駝耶躋天摩漢時占星畫地壘石佈八陣虎頭燕頷飛食肉牛刀小試横腰劍深山大澤誓摩牙無敵何止論千萬

東行奉檄入栝蒼循吏良宰一朝擅山君肆虐苦難除
惡木盜泉相揮煽胥吏駭豕詗未邊父老驚談色先變
痛哭餘生感鵜鶘枉教惡報恣殘噬豺肉不得供饕食
露布張討宣深獮薙爾於菟敢支吾殄滅不許留絲釐
石碎山前大合圍一時僕從齊精悍攘臂前驅短腿如
掉頭不住長鬚漢紫騮背上綦毋刀烏號聲裏僕姑箭
烈烈風翻雲倒飛轟轟石走目驚眩直撼欃槍星能上天
早鏑煞烝横山半打鼓鳴鉦馬首迎千呼萬舞人爭看
媿煞人間封使君弘農善政今重見屬之丹青命以辭

書碑志乘傳之遍丞昔年少耻能文讀書射獵吟賞慣
功成直擬畫凌煙結習未除空自炫即今四海清平時
何必龔黃輕絳灌願公治虎如治民不在安良在禦患
他日滁洲瀕傳奇賢人烈士當合傳披圖我亦心胆寒
投筆橫刀來酣戰

舉溪篇　吳懋修

陰陽風雨重考卜遷澗相承定昭穆分封吳地在會稽
移來松源歷唐宋宋初敦琢肇東庄是名舉溪長攸築
地當半月一莖新對面筆架嶂彧彧雲屏西峙聳赤霞

龍崗鎖鑰稱脊嶺山環水抱如轉圜六橋飛挂渡瀲洑
文明傑閣見在田燃藜仿佛擬天祿水口薦元塔勢高
還有梅花亭聽鹿虎聖巖踞張壯觀雲泉石獅挑月角
奇嵩幽峭蔭龍湫晴空常看噴珠瀑一亭後旦一尊光
恰齊來鳳如龍淑愈祖構祠祀春秋纘緒祈求聚巨族
瓜瓞保茲永綿綿家傳禮經年世讀

題三原唐一峰太守政績　陝西　楊炳奎

凡官松源似隱吏由隱而顯誰能至司馬浙西守粤東
唐名若瀛一峰字我初負笈游泮湯習闈高丈誇攻治

[illegible]今[illegible][illegible][illegible]丁[illegible][illegible][illegible][illegible][illegible][illegible][illegible][illegible][illegible][illegible][illegible][illegible][illegible]
煎後[illegible][illegible]年附驥兵燹[illegible][illegible]煥[illegible][illegible]歷年久遠一[illegible]同[illegible]
邑乘徵信無虞詞堂存僞[illegible][illegible]鑒光鑄潔已變艮[illegible]前身
崇儒重道施諸事我亦沼蘋屢效公仰止高山對霞峨

題前任慶元令寶雞高公璘政績　楊炳奎

昔年秉鐸游陳倉公之子孫羅門牆爲陳麗水治行芳
今知志載松源鄉先世元魏銘旂常不負㬎子忠君王
降生磻溪遂發祥熟讀石鼓商類香濡毫落紙雲麾方
詩情宣造長公堂爲政勤明紹前光動應機宜才何長

作廟奕奕民不忘建坊傳後稱循良饑生製錦多未遑
摩挲甘棠述維桑景行前徽揞懷徨

題前任慶元令滿洲鴻公山政績　楊炳奎　文學

松源置縣民風變縣令親民貴無倦自宋迄今亦孔多
四十一人曾立傳就中徵信伊何人高公唐公向聞見
令人自好盡變名者兇不如口碑徧及老人人說鴻公
公名山兮長白彦寬慈大度有眞評聽訟緩詳肯假鍊
作廟崇儒致力陳神救荒良策民稱便東山不出繫蒼
生量移山陰仁風扇後來向往知有公昭昭其冥擬遂

補刻慶元縣志跋

慶元邑志自吳公重修而後累經燹同治尚爲完好而藏弆不慎遂至遺失者十之二三但邑志所繫甚鉅豈容膜視邑尊丹崖先生亟謀補刻屬司其事爰將舊板所存若干所失若干一一檢出計其字數之多少并較經費之多寡于是靑囊鳩工凡有續增悉爲較訂依類附入而諸生知貧吉人豐巖竭力贊襄閱數月而新板告竣並析爲六冊移貯本學尊經閣下庋以書厨鎖以魚鑰以垂永久爰綴數語用附簡末

道光二十三年十月候選知縣本學教諭嘉善呂榮華

謹跋

原序

知縣程維伊

粵稽歷世御極典章修飭一統有志方岳有志郡縣有志牙籤汗牛富於二酉後爲縣志何居古侯國皆有掌記之官今之巖邑非古之小國乎政事之因革人才之盛衰地理之形勝田土之肥瘠物產之厚薄風俗之澆漓與夫天變人謀莫不於志乎察其源流驗其盈虛俾賢者有所觀感愚者有所懲戒此古今之權衡也慶元建於宋之寧宗歷四百一十二載從未有志迄明萬歷四年邑令洗君始搜家乘訪野老起而草創之尋四十

六年邑令汪君復加脩葺崇正十五年邑令楊君僅補
闕畧于茲又三十年所其間兵亂相尋殘編散失益歎
文獻無徵伊治慶九載服官之初即訪詢舊志故家耆
老僉云丁亥兵燹版籍盡燬即鄉士夫家亦無有收而
藏之者數歸之不得壬子冬奉　部檄徵邑志彚上
史館修一統大志以繼隆古盛事伊徧搜閭閈僅得殘
志二册蠧嚙之餘首尾殘缺乃掃雲鶴堂召邑諸生雅
有文行者與之商確而屬筆焉蓋慶雖越東之蕞爾財
賦不居充斥然語山川則有百丈之勝巋然犁空爲神

仙窟宅可與天台地脉鼎峙寰中語人才則有先哲劉公殿試第一文章焱起且如少師吳公耿亮博雅爲中外表望陳大宗伯吳少司徒胡中銓諸公塵躓朝端名喧九垓光顯者王黃門讀卷而識文信國古誼忠肝以得士賀可謂千春夔盛沈光汪體浩夫寅仲弱冠通籍墨綬出宰忠勇捍國時發奮毅自許緋衣奉使君命不辱磊磊落落堪與諸邑君子並峙而爭雄使缺焉未備將來政事人才地理田土物産風俗何所徵考歟諸生咸韙伊言皆毅然以采輯舊聞爲任蒐羅故實而不沿

其謬廣摭輿論而不攻其見各以其事分類取式爾選之史而不溺其旨剪燈吮筆娓娓忘倦伊簡書之餘謬司綜理不閱月而纂輯業竣爰付剞劂爲邑實錄以答

聖朝采風問俗之德意至於追琢章句衡鑒流品將以待後之僑肸云

原序

訓導 戚光朝

慶邑建于趙宋隸桂爲末邑僻在萬山土瘠賦詘窮黎疾苦不及上聞長吏治行無由表見邑之志前所創脩湮沒無存所謂文獻不足二代罔徵雖叢爾杞宋孔子猶傷之也權自癸未迄今又屆三世矣道以三十年爲世其間建置沿革吏治民生芳規懿行不可無紀歲壬子承 部檄徵邑志程侯富石濂溪之學揚如椽之筆開館編摩僅遴數人佐之而全書盡出侯手裁列體取義倣于古史不可增損一字有一登目而瞭然矣侯來慶

九霄黄声廉干精锐治理功德隻古士民声歌共戴其
恩兹举且以再阅月而规千春之业其垂惠庆邑更懋
且久矣走也才嫚与教幸得佩笔续貂聿观厥成亟宜
书

原序

邑人吳運光[illegible]

昔孟堅志地理後世宗之故寰宇中郡自爲紀縣邑爲載皆命曰志卽稗官小史各以其耳目所經者筆而存之以徵信於當世邑之有志誠尚矣吾慶建自趙宋尚未有志自明世洗公創之汪公繼之楊公又繼之蘇標列成牒顛皆猥冗而失倫舛訛而弗實適爲博古者所反唇耳歲甲辰邑侯程公以三楚名家握符蒞茲土下車時見舊志殘缺文獻無徵遂毅然以搜羅纂輯是任矣嘻斯時也千家烟冷萬井煙寒鵠面鳩形嗸嗸道左

一若赤子待哺於慈母侯戴星出入爲之問苦問疾解衣推食之弗逮奚暇濡毫吮墨以爲纂修計也哉幸今瘡痍悉起不啻活枯骨而重肉矣爲恩侯九載恩勤百廢具興黌宮蕪茂草城堞無復隍津河離蹇裳之憂丁夫絶小東之歎且清丈而則壤定弁戶而賦稅均蘇鹽困而革耗贈清棘木而勸種植其啐嗟而辦者皆數百年未習見之舉其取償而予者皆數百年不世出之恩我慶之渺感於侯也豈有涯哉民功底定文教覃興適奉　部文徵邑志侯曰此余夙志也今慨矣于是訪故

老搜遺編疑者闕之信者傳之斥陳而引新削繁而就
簡濟鄙陋而歸大雅匝月告成計卷有十山川之形勝
政事之因革風土之厚薄與夫理學文章忠孝廉節之
可傳者登目瞭然其立體取義嚴密獨出其手義尤雖
佩筆商訂無所贊其一辭也使吾慶他日搢紳先生與
夫騷人墨士覽斯志之明備因而思侯之功德則質之
剩墨直可當峴山一石迸淚千古遡流風而揚盛烈端
可期于後之君子矣

原跋

邑人季灯

壬子冬灯從諸生後趨程邑侯命課藝於育英庄論文之暇語及風物淳漓之變今昔得失之由斯人休戚之故深痛舊志淪亡亟思所以修輯之灯起對曰志不以言而以事若徒托之空言而不見諸行事則有志而無志苟已見諸行事不徒托之空言則無志而有志侯九載於斯政通人和百廢具舉已具全志於一心再筆裁斷卽爲信史茲奉 部檄徵邑乘彙上 史館刪定纂輯正其時也乃請雲鶴堂召諸生與之商訂考據分卷

類編凡所紀載有綱領有節目斟酌於物情世態之間
出入於造化古今之變彰往而察來鑑此而考彼曲盡
乎治民事神之理周遊乎疆域形勝之大審時度勢引
乎前而慮乎後悉其所舉而措之者也故其攷徵也確
其序事也明其取舍也當可疑則闕可信則書旨遠而
文言曲而中大矣哉班馬之流也矼獲與較讐討論識
侯之用心良苦有春秋之遺意社里由是而知其所損
益焉風俗由是而知其所醇醨焉教化由是而知其所
張弛焉人才知其何以忽盛而忽衰賦役知其何以減

義而或留德功之報知其何以踵舉而不廢津梁也知其所利涉關隘也知其所扼要甲兵也知其所時閱於城郭而知其所增高於歆享而知其所告虔盟有害而知其所以去刑苦繁而知其所以清以至撫時弔古知其修省而流連從此救偏補敝挽回作新穆然有餘思儼若賢豪之挺生士女之懿美前脩之昭灼鼓舞可以進德一變可以至道則與彼都人士共之此侯之亶心力乖與章意也雖然此固一邑之掌故達之天下則無二道四海同文萬方一轍其間風氣雖有不齊而禮樂

刑政教化典常家戸盡然引而伸之益知其所立言皆其所以立功見諸行事垂之著論於全志可以想見其該博之學通方之才高遠之識洵無忝信史哉今付剞劂灯復爲校閱辯亥豕而稍補不足猶之發型之勷助以淬礪出璞之玉佐以追琢版章燦然樂觀厥成敢忘固陋而書于簡末

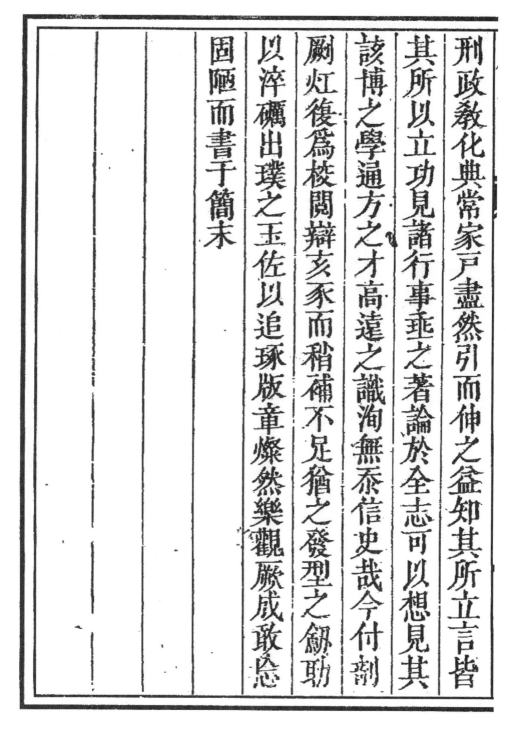

程志序錄附

前明沈汪楊三志刻本無存無從考載程志凡十卷康熙十一年知縣程維伊訓導戚光朝重修維時總其綱者副榜拔貢吳運光生員李炟分纂則貢生吳王賓生員葉作梅鮑二酉江南举吳銓臣李煜劉作愷陳觀德周九如吳鏐葉珪葉嵩陳奇琅張宸樞吳康周卜功葉長秀周奇劉鼎傑一十九人志分十門一輿地其目爲分野沿革疆域形勝城池山川堰陂津梁市鎮街巷關隘營寨坑冶坊里風俗二建置其目爲秩統公署學宫

社學射圃鄉約所社稷壇山川風雲雷雨壇邑厲壇城隍廟舖舍坊表亭閣莊臺塔養濟院漏澤園三食貨其目爲戶口地畝稅額起運存留物產四官師其目爲知縣縣丞主簿典史教諭訓導五治行其目爲官師列傳六禮祀其目爲文廟壇壝羣祀寺觀七選舉其目爲進士舉人歲選例貢辟舉武職援例恩蔭貤封八人物其目爲理學忠節名鄉清正文學仕績孝友篤行義俠善良貞節隱逸僑寓仙釋方藝文其目爲記二十二賦一序一傳一十雜事其目爲災異古蹟邱墓記序三跋一

原序

知縣 關學優

縣必有志古昔無志而前人獨有以草創之固難志感重修歷久不修而將來欲有以補續之亦難慶小邑邑建於宋代其志古前令沈君創之汪君楊君繼修之夫都率從簡略至康熙壬子程君分類編載亦由略而漸詳矣然閱今百二十餘年其間事蹟湮沒幾於文獻無徵識者慮之己未夏予來治慶事甫下車竊皇皇然飭以修志爲務因偕章癖山胡慕園兩廣文延集邑之紳士開館纂修輯爲一十二卷壬子以前不妄損亦不妄

增者從其舊也壬子以後不敢遺亦不敢濫者録其實
也書旣校定爰付剞劂庶幾傳諸將來而隨時補輯者
藉得前有所考亦後有所据也夫

原序

教諭　章觀織

竊以書有禹貢周禮有職方而後世之志書以興顧邑不可以無志志又不可久缺而不脩昔朱文公蒞南康甫至郎問郡志君子謂其知所當務志不綦重乎哉慶元僻處萬山中郎古之嚴邑也建於宋之寧宗四百一十二載從未有志至萬歷四年邑令沈君始搜家乘而草創之迨

本朝康熙壬子邑侯程維伊始分門別類綜覈紛紜博徵聞見使覽古者有所稽式考事者有所攟尋此固一時

之盛舉也無如歷久就湮漫漶殘缺梨棗所登已半飫虫鼠之腹矣歲在巳未仲夏邑侯關奉檄來宰是邑甫下車輒以重修縣志爲急務殷殷致問商及於余暨雲川慕園胡公余以百餘年未經修葺之事一旦得公爲之倡事在一時功垂萬世其義舉孰有過於是耶于是公乃延邑之紳士開局於縣署東偏廣徵見聞蒐討裒輯以舊志爲本而參諸府志及鄰邑志統之以綱繫之以目首紀輿地次詳賦役禮學校之規制考建置之廢與而且博採藝文蒐羅逸事共爲書一十二卷雖出於

諸賢之手而考訂增補實公一人之力居多焉是書成俾讀者展卷披閱瞭如指掌而百餘年來其間仁人孝子義夫節婦風化攸關者靡不搜羅罔缺以之發潛德而燭幽光使後來者知所趨向豈不盛歟余雖忝在末議事成之後不禁欣喜雀躍謂不負邑侯關公奮興之意并不負諸賢任事之勞故樂得而爲之序云

原序

訓導　胡會肇

粵東關公宰慶之次年奉　上檄纂修縣志擇邑之紳士秉筆草創而公總其成夫自龍門子長作書八章班孟堅因之爲志志之名蓋自此昉劉知幾史通云衆史諸志各自以爲工摧而論之多未得其最又云才識學三者世罕兼之猶愚賈操金不能殖貨巧匠無梗楠斧斤弗能成室甚矣作志之難也邑之有志凡山川形勝戶口賦役與夫壇壝祠廟橋梁關隘皆載之於編而最要者莫如忠孝節廉之事實文章政績之流傳載筆者

矣公矣愼無濫收無漏畧無徇愛憎庶可以信於今而傳於後否則眞贋雜揉爛牛圖鹿或妄廁其中而鳳璞長埋魚骨莫剖若有鬼神將不福人吁可畏也且夫言之無文行而不遠淌牂千百卷書造一詞立一意有純粹而入矩無蹐駁而出規可以爲文矣徒以烟墨不言供其驅染紙札無情任其撦裂自吟自賞可也出而問世烏乎可今秉筆之士其採訪也公其纂輯也愼其遣言也無鄙野之聲重以論公續學宏深才長而識密乘傳書之暇以其神營腹笥考殷最而定去留筆走風霆

詞無旒纘元圃積夜光之玉齊廷擯濫吹之竽雖一邑
之志詎可媲美佳史而不蹈劉氏之所譏矣余忝同修
之任自以學殖荒散甓坐謝不敏間有點竄等之季緒
之瑣瑣耳書旣成不復藏其狂言爰綴數語以序之

原序

吳元棟

六經以外書之可以信今傳後者莫過於史而史之所以能信今傳後者尤莫先於邑志蓋邑志者郡志之權輿史家之嚆矢也秉筆者一有不實或文飾其辭或夸張其事由是而達之郡并達之朝以訛傳訛久久遂成實録豈得爲史家之厚幸哉予邑向未有志自明萬歷間沈公創之汪公繼之楊公文繼之至我

朝康熙壬子三楚程公復倣遷志之例別類分門裒集成書其意蓋在速成或得此而失彼或搜近而遺遠識者

微有恨焉己未仲春　憲檄來徵邑志欲以上晉　史
館纂成一統大志用以昭文明之治垂經世之模誠我
朝之盛典也顧前明三志經兵燹之後版已無存而程志
字跡又漫漶不可讀壬子以後遺文軼事百二十餘年
未經採録將欲呈之　史館而其道無由於是　關公
涖慶之明年徵集各志謀諸學博擇邑中諸生有文行
者凡十餘人遍爲採訪而獨以謀野之事屬之於余嗟
乎僕之壯也猶不如人今老矣復何能爲且邑志之不
修未有甚於此時者也文殘獻佚兩無可徵未有甚於

此時者也　侯嘗於簿書之暇乃惓惓於邑志之是謀又得章胡兩廣文爲之左右參酌於其間兼三長之德何難建千秋之業若穢者蕪陋失學荒而且耄明不足以周萬物之理道不足以適天下之用智不足以發難顯之情亦惟是借諸君子暨邑中之耆老者相與扶杖太息惟願須臾毋死以觀德化之成耳纂修云乎哉辭之不已而復爲例言非敢以是自相矜許實契我　侯之摭拾淵博抑以幸集腋成裘者之得自兩夫子也於是首稽封域終於藝文爲卷十二以備實録至於政事文

章忠孝節義之屬隸在各門炳如日星覽者自可觀感無待予言之縷縷矣是爲序

闕志序録附

前明志屢遭兵燹無從考載嗣後康熙壬子程志十卷凡主修總綱分纂各姓氏前志已備序録矣惟嘉慶辛酉主修知縣闕學優同修教諭章觀嶽訓導胡會肇葛覃暨纂修貢生吳元棟校修貢生吳公選余鈞生員季學勤葉邦勲周培陞王元衡繕修貢生余增廩生吳鑾葉之苞增廣生吳啟甲一十一人志分十二門一封域其目爲分野沿革疆域形勝山川古蹟二建置其目爲城池秩統衙署市井街巷鋪舍鄉都倉廒坊表橋渡堰

陂亭閘賑恤三賦役其目爲土田額徵起運存留外賦
鹽鄖四學校其目爲學宫位次祭器樂器舞器樂章宸
翰謨訓書籍名宦鄉賢學田書院義學射圃五禋祀其
目爲壇壝廟祠邱墓六武備其目關隘兵制紀事七風
土其目爲習尚歲時禮制坑冶物産八官師其目爲知
縣縣丞主簿典史教諭訓導治行九選舉其目爲進士
舉人徵辟明經例貢附監援例武職馳封恩蔭耆介十
人物其目爲理學忠節名卿清正文學仕績孝友篤行
尚義善良隱逸僑寓方伎閨操十一雜事其目爲祥異

仙釋寺觀庵堂叢記十二藝文其目記序傳賦碑箴詩
茲刻特爲彙記仍從其舊以不沒前人之功業使後之
視今猶今之視昔也用綴數言謹紀其巔末